Schriften

des

Vereins für Sozialpolitik.

158. Band.

Wirtschaftliche Verhältnisse Deutsch-Österreichs.

Herausgegeben von Dr. Michael Hainisch.

Verlag von Duncker & Humblot.
München und Leipzig 1919.

Wirtschaftliche Verhältnisse Deutsch-Österreichs.

Herausgegeben im Auftrage des Vereins für Sozialpolitik

von

Dr. Michael Hainisch

(Wien).

Mit Beiträgen von Dr. Leopold Joas, Dr. Michael Hainisch, Adolf Bachofen, Dr. Paul Grünwald, Dr. Hans Höfer, Dr. h. c. Siegfried Strakosch, Dr. Ludwig Mises und Dr. Gustav Stolper.

Verlag von Duncker & Humblot.

München und Leipzig 1919.

Altenburg
Piererſche Hofbuchdruckerei
Stephan Geibel & Co.

Vorwort.

Als im letzten Winter der Anschluß Deutsch-Österreichs an das Deutsche Reich in nächste Nähe gerückt schien, tauchte der Gedanke auf, die breiten Massen des Reiches über die wirtschaftlichen Verhältnisse Deutsch-Österreichs aufzuklären. Die Notwendigkeit dieser Aufklärungsarbeit kann von keinem Kenner der Verhältnisse bezweifelt werden. Seit geraumer Zeit war das Interesse des Deutschen Reiches an Österreich auffallend gering — nicht bloß zum Schaden Deutsch-Österreichs, sondern zu dem des gesamten Deutschtums. Denn aller Wahrscheinlichkeit nach wäre manches anders gekommen, wenn man sich im Reiche nicht durch das formale Bündnis der Regierungen für gesichert gehalten, sondern die inneren Verhältnisse des Verbündeten etwas näher untersucht hätte. Nun gilt es, das Versäumte nachzuholen! Dem Ausschusse des Vereins für Sozialpolitik gebührt der Dank, daß er sich der Aufgabe der Aufklärung unterziehen und in einem Bande der Schriften ein Bild der wirtschaftlichen Verhältnisse Deutsch-Österreichs geben will. Der Gefertigte wurde mit der Aufgabe der Redaktion betraut und legt den Band den Lesern vor. Er ist sich dessen wohl bewußt, daß die Arbeit sehr lückenhaft ist. Die Verantwortung für den Mangel glaubt er aber ablehnen zu dürfen. Die Unklarheit aller Verhältnisse, die seit Monaten besteht, hat eine Reihe von Mitarbeitern veranlaßt, auszuscheiden. Es wäre ungerecht, ihnen daraus einen Vorwurf machen zu wollen. Denn wie läßt sich z. B. eine Arbeit über die deutsch-österreichische Handelspolitik anfertigen, wenn die wesentlichsten Voraussetzungen jeder Politik unbekannt sind? Wie läßt sich die Frage der Verkehrspolitik behandeln, wenn man nicht weiß, welchen Umfang unsere Staatsbahnen haben werden und wie die für die Alpenländer so wichtige Südbahnfrage gelöst wird? Schließlich fehlen in dem Bande einige wichtige Arbeiten, so die über die Staatsschulden, weil die Männer, die ihre Mitwirkung zugesagt hatten, seit vielen Wochen in St. Germain festgehalten werden.

Nicht von Vorteil war auch der Umstand, daß der Anschluß Deutsch-Österreichs an das Deutsche Reich augenblicklich unmöglich geworden ist. Er hat den einen und den anderen Mitarbeiter abgeschreckt. Ich bin im Gegenteile der Meinung, daß uns solcher Kleinmut nicht ziemt und danke daher dem Ausschusse, daß er an seinem ursprünglichen Plane festgehalten hat. Unter gar keinen Umständen dürfen wir uns den Glauben an die Zukunft rauben lassen. Denn so wie die Anerkennung des Kausalsatzes die Voraussetzung jedes wissenschaftlichen Forschens ist, so läßt sich auch ohne ein gewisses Maß von Optimismus nicht politisch arbeiten. Auf jeden Fall wird aber auch die lückenhafte Schilderung der wirtschaftlichen Verhältnisse Deutsch-Österreichs von Nutzen sein.

Wien, im Juli 1919.

Michael Hainisch.

Inhaltsübersicht.

Verbrauchsbesteuerung.

Von

Dr. Leopold Joas.

Verhältnismäßig früh ist das alte Österreich daran gegangen, den Verbrauch der alkoholhaltigen Getränke, Bier, Wein und Branntwein, ferner von Fleisch zugunsten des Staates zu belasten und diese Steuern einheitlich zu regeln. Mit durchaus anerkennenswerter Tatkraft hat das Verzehrungssteuerpatent vom 25. Mai 1829, politische Ges.-Sammlung, Band 57 Nr. 74, alle Abgaben, welche bis dahin unter mannigfaltigen Formen und Benennungen in den verschiedenen Teilen des österreichischen Kaiserstaates, durch öffentliche Verbände, zum Teil sogar durch Private, von Getränken und einigen anderen Verzehrungssteuergegenständen eingehoben worden sind, ausnahmslos beseitigt und durch die zugunsten des Staates einzuhebende „allgemeine Verzehrungssteuer" ersetzt. Es ist natürlich, daß das durch das 1829er Patent eingeführte Verzehrungssteuersystem nach dem heutigen Maßstabe beurteilt außerordentlich primitiv und mangelhaft war. Für die damalige Zeit bedeutete es gleichwohl einen ungeheuren Fortschritt. Das Wichtigste war aber, daß durch dieses Patent ein für allemal die Besteuerung der alkoholhaltigen Getränke und des Fleisches, in den größeren Städten auch einiger anderer Bedarfsgegenstände in erster Linie für den Staat in Anspruch genommen wurde, eine Errungenschaft, die vom Standpunkte der staatlichen Finanzverwaltung, aber auch von jenem der allgemeinen Wirtschaftspolitik nicht hoch genug veranschlagt werden kann und nur Dank ihrer festen Verankerung durch das 1829er Patent den wiederholten autonomistischen Gegenbestrebungen Stand gehalten hat.

Die fortschreitende Entwicklung der Produktionstechnik konnte auf die Steuergesetzgebung nicht ohne Einfluß bleiben, und gar bald wurde der innige Zusammenhang zwischen Besteuerung und Wirtschaftspolitik auf den einschlägigen Produktionsgebieten erkannt. Es zeigte sich die Notwendigkeit, die Besteuerung der einzelnen Gegenstände besonders auszugestalten; im Jahre 1835 wurde ein besonderes System der Branntweinbesteuerung, beruhend auf der Besteuerung des Alkohols, eingeführt. Im Jahre 1849 setzte die Besteuerung des Rübenzuckers ein. Im Jahre 1857 wurde die reine Mengebesteuerung beim Bier durch die Extraktbesteuerung ersetzt. Der in diese Zeit fallende außerordentliche Fortschritt der Produktionstechnik, insbesondere bei Spiritus und Zucker, veranlaßte die Gesetzgebung zu fortwährenden Ergänzungen und Änderungen der Steuerbestimmungen, bis im Jahre 1888 der entscheidende Schritt des Überganges zur reinen Produktbesteuerung gemacht wurde. Die im Jahre 1882 neu eingeführte Petroleumsteuer wurde von Anfang an als Abgabe vom Fertigprodukt beim Austritt aus der Fabrik veranlagt.

Es darf hier festgestellt werden, daß die österreichische Verzehrungssteuergesetzgebung, soweit es sich um die Besteuerung von Gegenständen der industriellen Produktion handelt, im allgemeinen nie rückständig war, daß sie sich dem Fortschritt der Technik stets angepaßt hat und daß sie bei aller Wahrung der staatsfinanziellen Interessen nicht wenig zur hohen Entwicklung der einschlägigen Industrien beigetragen hat.

Die Schaffung möglichster Klarheit der Steuerbelastung der Verbrauchsgegenstände, Berücksichtigung der verschiedenen Produktionsbedingungen, Hebung der Steuerehrlichkeit, waren die leitenden Gesichtspunkte der österreichischen Verzehrungssteuergesetzgebung in den letzten Jahrzehnten. Dieser Entwicklung verdanken wir, daß Österreich zu Beginn des Krieges über Verbrauchssteuersysteme verfügte, welche sich als durchaus tragfähig auch für eine höhere Belastung erwiesen haben und welche zugleich eine durchaus geeignete Grundlage für die durch die Kriegsverhältnisse notwendig gewordene staatliche Bewirtschaftung dieser Steuergegenstände gebildet haben.

Eine weit geringere Entwicklung weisen die gleichfalls mit dem Verzehrungssteuerpatente vom Jahre 1829 eingeführten Verzehrungssteuern auf Wein und Fleisch auf. Dies mag vor allem darauf zurückzuführen sein, daß es sich hier nicht um Gegenstände der industriellen Produktion handelt und die Produktionsverhältnisse im Laufe der Jahrzehnte kaum eine wesentliche Änderung erfahren haben. Die Zentralisierung der Produktion kommt bei diesen Gegenständen nicht in Betracht. Die Weingewinnung verteilt sich auf unzählige Betriebe ebenso wie die Viehschlachtung, was die Besteuerung, abgesehen von den politischen Widerständen, auch technisch ungemein erschwert.

Die Fleischsteuerbestimmungen des Jahres 1829 wurden zwar durch das Fleischsteuergesetz vom Jahre 1877 einschneidend geändert, doch hat die Fleischsteuer der Natur der Sache entsprechend lokalen Charakter beibehalten und dabei keine nennenswerte staatsfinanzielle Bedeutung gewonnen. Die Reform der Weinsteuer blieb sogar der Zeit nach dem Umsturz vorbehalten.

Bei Kriegsbeginn bestanden in Österreich folgende große Konsumsteuern:

Die Branntweinsteuer im Ausmaße von 1,40 vom Liter Alkohol für den dem begünstigten Steuersatz unterliegenden Branntwein und von 1,60 per Liter für den die Begünstigung nicht genießenden Branntwein, die Biersteuer im Ausmaße von 34 Heller vom Hektolitergrad Extrakt = 3 K 40 h vom Hektoliter zehngrädigen Bieres, die Zuckersteuer im Ausmaße von 38 K für 100 kg Rübenzucker und 6 K für 100 kg Stärkezucker, endlich die Mineralöl-(Petroleum-)steuer im Ausmaße von 13 K für 100 kg.

Die staatsfinanzielle Bedeutung dieser vier Abgaben erhellt daraus, daß im Rechnungsabschluß für das Jahr 1913 — dem letzten ein volles Jahr umfassenden vor dem Krieg — der Erfolg mit insgesamt rund 375 Mill. K ausgewiesen ist, wobei zu beachten ist, daß die Branntweinsteuer erst zu Beginn des Jahres 1914 auf obengenannte Sätze erhöht worden ist und dem Erfolge des Jahres 1913 noch die früheren Sätze von 90 h bzw. 1,10 K zugrunde liegen. Der Ertrag der direkten Steuern (Real- und Personalsteuern) betrug im Jahre 1913 rund 432 Mill. K, jener der Stempel und unmittelbaren Gebühren rund 237 Mill. K. Während des Krieges wurde die Branntweinsteuer wiederholt erhöht, sie betrug zur Zeit des Umsturzes 3 K 80 h bzw. 4 K per Liter Alkohol. Ferner wurde mit 1. September 1916 die Biersteuer unter erheblicher Ausgestaltung der Steuerstaffelung zugunsten der kleineren Brauereien und Ablösung der bis dahin in allen Kronländern in Geltung gestandenen besonderen Landesauflagen auf den Verbrauch von Bier auf 1,10 K vom Hektolitergrad Extrakt oder 11 K vom Hektoliter 10 grädigen Bieres erhöht. Endlich wurde im September 1916 die Zündmittelsteuer, umfassend die Zündhölzchen und die Feuerzeuge, eingeführt. Die Erhöhung der Zuckersteuer auf 54 K trat Mitte Oktober 1918, also unmittelbar vor dem Umsturz in Kraft.

Die steigenden Schwierigkeiten der Versorgung Österreichs mit Nahrungsmitteln im Verlaufe des Krieges brachten es mit sich, daß die normalen Ausgangsstoffe für die Spiritus- und Biererzeugung für diese Verwendung immer mehr und mehr eingeschränkt werden mußten.

Die Verwendung von Getreide für die Spirituserzeugung wurde bis auf den unumgänglich notwendigen Bedarf der Preßhefebrennereien völlig verboten, der Betrieb der Preßhefebrennereien wurde auf die möglichste Steigerung der Preßhefeausbeute eingerichtet, was eine Verringerung der Spiritusausbeute zur Folge hatte, die Verarbeitung von Kartoffeln in Spiritusbrennereien wurde trotz der großen Bedeutung, welche der Verwendung des Rückstandes (Schlempe) als wertvolles Futtermittel für die Fleisch- und Milchversorgung und die Gewinnung von animalischem Dünger zukommt, immer mehr eingeschränkt. In den letzten Jahren wurde überhaupt nur die Verwendung von zum menschlichen Genusse ungeeigneten Kartoffeln gestattet. Für die Versorgung der Bevölkerung mit Speisekartoffeln hatte dieses Verbot allerdings keine allzu große Bedeutung, wenn erwogen wird, daß im alten Österreich vor dem Kriege nur etwa 7 % der gesamten Kartoffelernte der Spirituserzeugung zugeführt worden sind; dagegen hat diese Maßnahme zur Einstellung vieler landwirtschaftlicher Brennereien, welche in den östlichen Gebieten Österreichs ohnehin unmittelbar durch den Krieg arg dezimiert worden waren, zum großen Schaden der Landwirtschaft geführt und außerordentliche Schwierigkeiten bei Deckung des allerdringendsten Spiritusbedarfes hervorgerufen. Die Folgen dieser Produktionsverminderung drückten sich in staatsfinanzieller Beziehung in einem ganz außerordentlichen Zurückgehen des Steuerertrages aus, der ungeachtet der erwähnten Steuererhöhungen weit hinter dem Friedenserfolg zurückgeblieben ist.

Der Brauindustrie wurde in den letzten Jahren nur ein ganz verschwindender Bruchteil des Friedensbedarfes an Gerste freigegeben und es wäre wohl zur völligen Einstellung der Biererzeugung gekommen, wenn es der Industrie nicht dank ihrer hohen Entwicklung gelungen wäre, verschiedene Ersatzstoffe vorteilhaft zu verwenden. Gleichwohl ist der Ertrag der Biersteuer auf einen Bruchteil des Friedensertrages zurückgegangen.

Ähnlich stand es mit der Mineralölsteuer, da die galizischen Rohölgruben durch längere Zeit vom Feinde besetzt waren, aber auch nach der Befreiung die Produktion stark zurückgegangen ist und endlich selbst die verminderte Produktion zum allergrößten Teile unmittelbar zu Kriegszwecken herangezogen werden mußte, so daß zur Versorgung des inländischen Bedarfes an steuerpflichtigen Mineralölprodukten nur sehr kleine Mengen zur Verfügung standen.

Viel günstiger war es mit der Zuckersteuer in den ersten Kriegsjahren bestellt, in welchen diese Steuer erheblich mehr als vor dem Kriege abgeworfen hat. Im 3. und 4. Kriegsjahre mußte aber hauptsächlich infolge des bedeutenden Rückganges der Zuckererzeugung darangegangen werden, die Abgabe des Zuckers an die Zivilbevölkerung sehr einzuschränken, so daß auch der Ertrag der Zuckersteuer zu sinken begann. Immerhin war selbst im Jahre 1917/18 ihr Ertrag noch höher als im letzten Friedensjahre.

Die Einwirkungen der Kriegsverhältnisse auf die beteiligten Industrien haben natürlich eine Reihe von Ausnahmeverfügungen notwendig gemacht. Diese waren jedoch durchweg solcher Art, daß die bestehenden Steuersysteme nach keiner Richtung erschüttert wurden, ja es haben vielfach die aus der Friedenszeit stammenden Steuerbestimmungen geradezu die Handhabe geboten, jene Maßnahmen zu ergreifen, die notwendig waren, um die katastrophalen Wirkungen des Krieges in diesen Industrien einigermaßen zu mildern.

Der politische Umsturz vom Oktober 1918 hat nun allerdings gerade in die Spiritus-, Zucker-, Bier- und Petroleumfrage ganz außerordentlich tief eingegriffen und damit wollen wir zur Besprechung der Bedeutung dieser Steuern und der einschlägigen Industrien für Deutsch-Österreich übergehen.

Die Erzeugung dieser vier Verbrauchsgegenstände war im alten Österreich aus ganz natürlichen Gründen außerordentlich ungleich verteilt.

Den Hauptanteil an der Spiritusproduktion hatten Galizien und die Bukowina, in weiterer Linie die Sudetenländer, Zucker wurde zum weitaus überwiegenden Teile in den Sudetenländern gewonnen, die Rohölfundstellen liegen ausnahmslos in Galizien, während sich die Verarbeitungsstellen nicht bloß in Galizien, sondern auch in anderen Teilen des ehemaligen Österreich befinden. Die Bierproduktion endlich ist in den Alpen- und Sudetenländern hoch entwickelt, dagegen sehr gering in Galizien und in den südlichen Ländern.

Der vollständige Mangel an Rohölvorkommen in Deutsch-Österreich bedeutet natürlich keineswegs das Versiegen dieser Steuerquelle, vielmehr wird nach Wiederkehr normaler Verhältnisse ein kaum geringerer Bedarf an steuerpflichtigen Mineralölprodukten zu decken sein, als vor dem Kriege, da dem immerhin zu gewärtigenden Rückgange des Verbrauches an Leuchtpetroleum ein rasch ansteigender Bedarf an Motorenbenzin gegenübersteht. Dabei liegen die Verhältnisse keineswegs so, daß Deutsch-Österreich unbedingt gezwungen sein wird, seinen Bedarf durchaus in Fertigprodukten zu beziehen, da Deutsch-Österreich schon heute drei jedenfalls entwicklungsfähige Mineralölraffinerien (Floridsdorf, Kagran und Drösing) besitzt, die keineswegs auf galizisches Rohöl angewiesen sind, vielmehr den Rohstoff voraussichtlich unter günstigen Bedingungen auf dem Wasserwege werden beziehen können. Allerdings wird diese Frage vor allem von der künftigen Zollpolitik abhängen.

Die Mineralölbesteuerung wird aber unter allen Umständen einer Ausgestaltung bedürfen und zwar aus dem Grunde, weil heute bei der Destillation von Stein- und Braunkohle eine Reihe flüssiger Brennstoffe gewonnen wird, die gewisse Mineralölprodukte ohne weiteres ersetzen und es auf die Dauer unhaltbar ist, nur Erzeugnisse aus dem Rohöl, nicht auch in bezug auf Verwendungszweck gleichwertige oder nahezu gleichwertige Kohlenderivate zu besteuern. Selbstverständlich wird in diesem Zusammenhange das Problem der Beleuchtungssteuer überhaupt einer gerechten Lösung zuzuführen sein.

Was die Zuckerversorgung betrifft, so wird Deutsch-Österreich zunächst nur einen kleinen Teil seines Bedarfes durch eigene Erzeugung zu decken in der Lage sein. Von den inneröstereichischen Ländern erzeugt derzeit nur Niederösterreich (4 Fabriken) Zucker. Es ist aber kein Zweifel, daß die Voraussetzungen für eine erhebliche Erweiterung der Rübenzuckererzeugung gegeben sind und daher allmählich Deutsch-Österreich einen immer größeren Teil seines Zuckerbedarfes selbst wird decken können.

Für die Verbrauchsmöglichkeit an Zucker in Deutsch-Österreich können weder die augenblicklich der Bevölkerung zur Verfügung stehenden Zuckermengen, noch auch der Absatz vor dem Kriege einen verläßlichen Maßstab bilden. Es kann nur soviel gesagt werden, daß der Zuckerverbrauch in Deutsch-Österreich vor dem Kriege erheblich über dem Durchschnitt des alten Österreich war, ferner daß der Zuckerbedarf während des Krieges bedeutend gestiegen ist und in manchen Bevölkerungskreisen, insbesondere bei der landwirtschaftlichen Bevölkerung, wo der Zucker nur eine untergeordnete Rolle gespielt hatte, Eingang gefunden hat. Die Zuckersteuer wird daher im Staatshaushalte nach Überwindung der gegenwärtigen Zuckerknappheit eine verhältnismäßig größere Rolle spielen als im alten Österreich.

Ähnlich wie beim Zucker, aber doch wesentlich günstiger liegen die Verhältnisse bei der Spiritusproduktion. Deutsch-Österreich besitzt eine Reihe sehr leistungsfähiger, auf voller technischer Höhe stehender gewerblicher Spiritusbrennereien, die meisten hiervon Preßhefebrennereien und eine allerdings geringe Anzahl landwirtschaftlicher Brennereien. Groß ist die Zahl der Obst- und Weintreberbrennereien, doch spielt die Erzeugung dieser Gruppe von Brennereien, wenngleich deren Bedeutung in Deutsch-Österreich verhältnismäßig viel größer ist als im alten Österreich, für die Deckung des Gesamtalkoholbedarfes keine große Rolle. Bei voller Produktionsmöglichkeit, die zunächst wegen Mangel der Rohstoffe allerdings nicht gegeben ist, ist die deutschösterreichische Spiritusproduktion immerhin in der Lage, etwa die Hälfte des voraussichtlichen Bedarfes der Zukunft zu decken. Auf jeden Fall sind auch im gegenwärtigen Deutsch-Österreich die natürlichen Voraussetzungen für eine Erweiterung der Spirituserzeugung gegeben und es ist insbesondere zu erwarten, daß ein Teil des Spiritusbedarfes durch die Gewinnung von Spiritus aus Sulfitlauge, Holz und allenfalls auch Karbid gedeckt werden wird.

Vom Gesichtspunkte der Verbrauchssteuer kommt nur jener Spiritus in Betracht, der menschlichem Genuß oder einer anderen, die Steuerfreiheit nicht genießenden Verwendung, wie z. B. für die Parfümerien usw., zugeführt wird. Durch die vor kurzem in Deutsch-Österreich verfügte Erhöhung der Spiritussteuer von 3 K 80 h bzw. 4 K auf 15 K 80 h bzw. 16 K per Liter Alkohol ist dieser Steuer im Staatshaushalte eine ganz besondere Bedeutung eingeräumt worden. Eine ziffernmäßige Schätzung über die künftige Ertragsfähigkeit dieses Abgabezweiges ist aber kaum möglich, da im Augenblick Branntwein für Trinkzwecke nur in ganz verschwindender, der Nachfrage bei weitem nicht genügender Menge zur Verfügung gestellt werden kann, andererseits aber der Vorkriegsverbrauch keinen Maßstab bilden kann, da aus mehreren Gründen, nicht zuletzt schon wegen der enormen Erhöhung der Steuer, selbst bei voller Deckung der Nachfrage auf jeden Fall damit gerechnet werden muß, daß der Vorkriegsverbrauch nicht annähernd wird erreicht werden, was in sozialer Beziehung gewiß nur als Erfolg wird gebucht werden können. Schon im alten Österreich wurde der Spiritus gegen Ende des Jahres 1916 der staatlichen Bewirtschaftung unterworfen. Diese staatliche Bewirtschaftung wird auch in Deutsch-Österreich fortgesetzt und es darf erwartet werden, daß dieses damit geschaffene tatsächliche Monopol in nicht zu ferner Zukunft in das gesetzliche Monopol hinübergeleitet werden wird, eine Maßnahme, die ebensosehr aus sozialen, wie aus staatsfinanziellen Gründen gewünscht werden muß.

Die Brauindustrie steht in Deutsch-Österreich auf voller technischer Höhe. Der Friedensverbrauch an Bier war weit über dem Durchschnitt des alten Österreich und die Produktion dieses Gebietes hat reichlich den eigenen Bedarf gedeckt. Es wurden allerdings nicht ganz verschwindende Mengen Qualitätsbier (insbesondere Pilsener Bier) aus anderen Gebieten Österreichs bezogen und auch bayrisches Bier eingeführt. Dem stand aber gegenüber, daß die alpenländischen Brauereien vor allem die südlichen Gebiete Österreichs vorwiegend mit Bier versorgt und Bier nach Ungarn und über die Zollinie ausgeführt haben.

Die Wirkungen des Krieges haben, wie bereits oben erwähnt, die österreichische Brauindustrie allerdings ganz besonders schwer getroffen, und es haben sich infolge der Einschränkung der Produktion auf weit weniger als den zehnten Teil der Friedenserzeugung die Gestehungskosten ganz außerordentlich erhöht. Die unter dem Drucke dieser Verhältnisse notwendig gewordene staatliche Bewirtschaftung der Braumaterialien hat allerdings verhindert, daß alle nicht besonders widerstandsfähigen Betriebe schlechtweg zusammengebrochen sind, gleichwohl hat eine große Anzahl namentlich kleinerer Brauereien den Betrieb zunächst eingestellt. Ob diese Einstellung nur eine vorübergehende sein wird, kann heute nicht mit Bestimmtheit vorausgesagt werden. Schon in den letzten Jahrzehnten vor dem Kriege war eine fortschreitende Aufsaugung der kleineren Brauereien durch die großen Betriebe zu beobachten, die auch durch die allerdings erst im Jahre 1899 begonnene Begünstigung der kleineren Betriebe bei der Biersteuerbemessung kaum gehemmt, geschweige aufgehalten worden ist. Während noch in den 70er Jahren des vorigen Jahrhunderts im alten Österreich rund 2000 Brauereien bestanden, war deren Zahl, obwohl die Biererzeugung sehr bedeutend zugenommen hatte, im Betriebsjahre 1912/13 auf etwas über 1000 Brauereien zurückgegangen. Dieser Rückgang verteilt sich auf alle ehemals österreichischen Länder, ja es war dieser Umwandlungsprozeß im heutigen Deutsch-Österreich lebhafter als in anderen Ländern. Es soll durchaus nicht bestritten werden, daß kleine Betriebe, deren Bestand nur durch eigenen Ausschank und durch fehlende Eisenbahnverbindung möglich war, unter den heutigen Verhältnissen selbst durch künstliche Schutzmaßnahmen kaum aufrechterhalten werden könnten, gleichwohl darf nicht übersehen werden, daß gerade Bierbrauereien mitunter in einem beschränkten örtlichen Kreise wichtigen landwirtschaftlichen Interessen dienen und daß in diesem Rahmen die Erhaltung solcher Betriebe auch im allgemeinen wirtschaftlichen Interesse vertretbar und wünschenswert ist. In dieser Erwägung hat die deutschösterreichische Biersteuernovelle vom Februar 1919 den Biersteuernachlaß für kleine und mittlere Brauereien, als welche jene mit nicht mehr als 50 000 hl Jahreserzeugung bestimmt wurden, beträchtlich erhöht.

Während des Krieges hat die Biersteuer aus dem schon oben angegebenen Grunde immer mehr an Bedeutung verloren, und es ist zunächst trotz der mit der jüngsten Gesetzesnovelle verfügten Erhöhung des Normalsatzes von 1,10 K auf 2 K per Hektolitergrad Extrakt nicht annähernd jene Einnahme zu erwarten, welche nach dem Friedensverbrauche auf Deutsch-Österreich entfallen würde. Die Entwicklungsmöglichkeit ist aber ungeachtet der Steuererhöhung in reichlichem Maße gegeben und es hängt diese vor allem davon ab, ob und wann der deutschösterreichischen Brauindustrie Gerste wird wieder zur Verfügung gestellt werden können. Aber die Biersteuerpolitik wird nicht übersehen dürfen, daß es der Brauindustrie unter dem Zwange des Rohstoffmangels gelungen ist, sehr leichtes Bier mit immerhin ausreichender Haltbarkeit herzustellen. Während vor dem Kriege in Österreich überhaupt, insbesondere aber im Gebiete Deutsch-Österreichs, Bierwürze von weniger als 10 % Zuckergehalt nur in verschwindender Menge hergestellt worden ist und die vorherrschenden Biersorten einen Stammwürzegehalt von 10—13 % besaßen, weist das Bier der Gegenwart nur einen solchen von 4—6 % auf, und es ist die Herstellung von mehr als 7 prozentiger Würze durch kriegswirtschaftliche Verfügung sogar untersagt. Dieser nun schon durch längere Zeit bestehende Zustand wird nicht ohne Einfluß auch auf jene Zeit sein, in welcher die Braustoffe wieder reichlicher zur Verfügung stehen werden, und es wird im Interesse des staatsfinanziellen Erfolges geboten sein, auf diesen Umschwung auch im Steuersystem Bedacht zu nehmen. Ein gewisser Ansatz hierzu findet sich schon in der mehrerwähnten Biersteuernovelle, indem diese anordnet, daß für Bierwürze von weniger als 4 % Zuckergehalt die Steuer für mindestens 4 % zu entrichten ist.

Der Kreis der Getränkesteuern hat durch die Gesetze vom 6. Februar 1919, betreffend die Schaumweinsteuer, die Mineralwassersteuer und die Weinsteuer, eine wesentliche Erweiterung erfahren.

Die Schaumweinsteuer ist in Österreich im Mai 1914 als Einheitssteuer mit dem bescheidenen Satze von 80 h per Flasche Traubenschaumwein eingeführt worden. Wenn auch nicht gerade von großer finanzieller Bedeutung, hat sich diese Steuer gut bewährt. Die Novelle vom Februar 1919 hat sie unter namhafter Erhöhung der Belastung zu einer Wertsteuer ausgebildet und zwar dahin, daß die Steuersätze nach dem Verkaufswerte ab Fabrik gestaffelt wurden. Sowohl die Erhöhung an sich als die Staffelung nach dem Werte entsprechen dem Wesen dieser Abgabe als reiner Luxussteuer, und es ist zu erwarten, daß die Schaumweinsteuer ohne Schädigung der gerade in Deutsch-Österreich im Aufblühen begriffenen Schaumweinindustrie auch dem Staatshaushalte eine immerhin nach mehreren Millionen zählende Einnahme zuführen wird.

Die Einführung einer Mineralwassersteuer war schon im Jahre 1909 im alten Österreich von der Regierung beantragt worden, ohne daß ein solches Gesetz damals zustande gekommen wäre. Nunmehr wurde diese Steuer mit Gesetz vom 6. Februar 1919 für Deutsch-Österreich, und zwar im allgemeinen nach dem Muster der in Deutschland seit vorigem Jahre bestehenden Mineralwassersteuer, eingeführt. Sie ist außerordentlich einfach veranlagt, beruht hauptsächlich auf der Buchkontrolle, ohne die Produktion und den Handel in fühlbarer Weise zu belasten. Da die Steuer erst seit ganz kurzer Zeit in Kraft steht, ist ein Urteil über ihren Erfolg heute noch nicht möglich, doch ist auch aus dieser Quelle immerhin eine Einnahme von mehreren Millionen Kronen zu erwarten.

Staatsfinanziell — wenigstens für den Augenblick — am wichtigsten ist die mit 1. Mai d. J. in Kraft getretene allgemeine Weinsteuer. Es war schon längst erkannt worden, daß die noch auf dem Verzehrungssteuerpatent vom Jahre 1829 beruhende alte Weinsteuer durchaus veraltet ist und dringendst einer Umgestaltung bedarf. War sie doch, wenn von den wenigen mit Steuerlinie umschlossenen Städten abgesehen wird, lediglich eine Kleinverschleißsteuer, die den Weinverbrauch desjenigen, der sich Wein in Mengen von über 56 Liter kaufte, also gerade den Weinverbrauch der bemittelten Kreise, völlig frei ließ. Dazu kamen provinzielle Verschiedenheiten, die mit einer modernen Verbrauchsbesteuerung nicht mehr vereinbar waren. Endlich war die Höhe der Steuer sowohl im Verhältnisse zur Belastung anderer alkoholhaltiger Getränke, als auch im Verhältnisse zum Werte des Weines geradezu lächerlich niedrig.

Die Reform der Weinsteuer bietet aber einerseits außerordentliche technische Schwierigkeiten — handelt es sich doch um ein landwirtschaftliches Produkt, das in vielen, zum Teil sehr kleinen Betrieben hergestellt wird —, andererseits waren von jeher die politischen Widerstände sehr bedeutend, und es war der jüngsten Vergangenheit unter dem Drucke der heutigen Verhältnisse vorbehalten, hierin Wandel zu schaffen.

Die eben in Kraft getretene Weinsteuer beträgt 40 K per Hektoliter Wein nebst einer Kontrollgebühr von 3 K und von 8 K per Hektoliter vom Obstmost, Beerenwein und dergl. nebst Kontrollgebühr von gleichfalls 3 K. Zum Zwecke der Sicherstellung der Weinsteuer wird schon die Produktion voll erfaßt, jedoch sieht das Gesetz weitgehende Erleichterungen für jene Gebiete, in welchen die Weinproduktion bzw. Obstmostproduktion bodenständig ist, vor. In diesen Gebieten obliegt die Zahlung der Steuer nicht dem Hersteller, sondern dem Käufer (abgesehen vom Verkaufe in kleinen Mengen). Ferner ist dem üblichen Haustrunk die Steuerfreiheit eingeräumt. Endlich ist vorgesehen, daß in diesen Gebieten die Einhebung und Kontrolle der Gemeinde über deren Verlangen zu übertragen ist. Was die Weinversorgung der Städte betrifft, so ist den praktischen Bedürfnissen durch Zulassung von Freilagern mit weitgehender Bewegungsfreiheit Rechnung getragen. Die Kontrolle in den Freilagern ebenso wie bei den Produzenten legt, entsprechend dem Zuge der neuen Verbrauchssteuergesetzgebung, das Schwergewicht auf die Buchführung, ohne daß die einschlägigen Bestimmungen jene Machtmittel vermissen lassen, die zur wirksamen Bekämpfung etwaiger unreeller Gebarung notwendig sind. So wird die Steuer mit der geringsten Behelligung des reellen Handels und Verkehrs verbunden sein.

Der finanzielle Erfolg der neuen Weinsteuer ist kaum verläßlich zu schätzen, weil selbst aus der Friedenszeit sichere Anhaltspunkte über den Verbrauch fehlen. Immerhin kann gesagt werden, daß die neue Weinsteuer in Deutsch-Österreich allein beträchtlich mehr ergeben wird, als die alte Weinsteuer im ehemaligen Österreich, und daß die Weinproduktion im deutschösterreichischen Gebiete durch die Kriegsverhältnisse nicht wesentlich beeinträchtigt worden ist, daher auch aus diesem Titel nicht mit einer allzu großen Verbrauchseinschränkung zu rechnen ist.

Die im Herbst 1916 eingeführte Zündmittelsteuer hat eine verhältnismäßig günstige Entwicklung genommen. Sie hat sowohl die Zündhölzchen als auch die heute sehr verbreiteten Taschenfeuerzeuge zum Gegenstande. Es war bekannt, daß der Zündhölzchenverbrauch in Österreich, bezogen auf den Kopf der Bevölkerung, ein außerordentlich großer war, doch glaubte man immerhin damit rechnen zu müssen, daß dieser Verbrauch unter dem Drucke der Steuerbelastung sich kaum wesentlich höher stellen wird als in anderen die Zündhölzchen besteuernden Staaten. Die bisherigen Erfahrungen haben indes gezeigt, daß der Verbrauch nur wenig zurückgegangen ist.

Deutsch-Österreich verfügt nur über drei Zündhölzchenfabriken, die aber auf voller technischer Höhe stehen und sich in immerhin beachtenswerten Mengen auch in der Ausfuhr betätigt haben. Im Augenblicke ist allerdings die Versorgung des eigenen Bedarfes eine unzulängliche.

Die in den verschiedensten Formen vorkommenden Taschenfeuerzeuge beruhen fast durchaus auf der Verwendung des Cereisens, einer deutsch-österreichischen Erfindung, als Feuererreger, und es ist die Herstellung dieser Feuerzeuge eine spezifisch deutsch-österreichische Industrie.

Gerade bei den Zündhölzchen ist die Wahl des Steuersatzes von Bedeutung, weil es sich um eine Massenware handelt, die zum großen Teil in der kleinsten Einheit verkauft wird. Diesem Gesichtspunkte ist dadurch Rechnung getragen, daß der Steuersatz auf die Normalschachtel mit der sehr leicht und glatt überwälzbaren Summe von zwei Hellern festgesetzt wurde. Die gesetzliche Vorschrift sieht aber gleichwohl noch die behördliche Preisbestimmung vor, und es hat die Regierung von dieser Befugnis tatsächlich Gebrauch gemacht. Dabei ließ sie sich von der Erwägung leiten, daß der Industrie und dem Zwischenhandel nur der genau kalkulierte Nutzen zukommen soll, und hat bei der anläßlich der letzten durch die Erhöhung der Gestehungskosten geboten gewesenen Preisregulierung den Höchstpreis zwar mit der den Verkehrsverhältnissen Rechnung tragenden Abrundung bestimmt, aber gleichzeitig die Industrie zur Abgabe jenes Preisanteiles an den Staatsschatz verpflichtet, der den in den nachgewiesenen Produktionskosten bedingten Preis übersteigt.

Die Steuersätze auf Feuerzeuge sind abgestuft, und zwar 50 h per Stück im Gewichte von nicht mehr als 25 g, 1 K für die schwereren Taschenfeuerzeuge und 3 K für die Tisch- und Wandfeuerzeuge. Die steuerpflichtigen Gegenstände unterliegen der amtlichen Bezeichnung, welche von den Punzierungsämtern besorgt wird.

Zwei sehr wichtige Verbrauchsgegenstände werden in Deutsch-Österreich in Form des Staatsmonopols besteuert. Es sind dies Tabak und Salz. Diese beiden Monopole sind schon sehr lange bestehende, in der Bevölkerung tief eingelebte Einrichtungen.

Das Tabakmonopol — in der heutigen Form seit 1784 bestehend — wird als Vollmonopol ausgeübt, d. h. der Staat besorgt nicht bloß die Erzeugung und den Absatz im großen, sondern auch den Kleinverkauf. Die grundlegenden Rechtsnormen enthält die auch für die anderen Staatsmonopole gültige Zoll- und Staatsmonopolordnung vom Jahre 1835. Für den Staatshaushalt hat das Tabakmonopol von jeher eine wichtige Stütze gebildet. Der Rechnungsabschluß des Jahres 1913 weist Gesamteinnahme von rund 345 Millionen Kronen, Gesamtausgabe von rund 120 Millionen Kronen, somit einen Reinertrag von rund 225 Millionen Kronen aus. Die Kriegsjahre haben natürlich auch in die Verhältnisse des Tabakmonopols tief eingegriffen. Im alten Österreich beruhte die Rohstoffversorgung zum Teil auf dem Tabakbau in der Monarchie selbst (Ungarn, Galizien, Dalmatien und Südtirol) und zum übrigen Teile — allerdings gerade in bezug auf hochwertige Stoffe — auf der Einfuhr aus dem Zollausland (Balkan und Übersee). Der Krieg hat nun in beiden Richtungen die Lage der Monopolverwaltung außerordentlich erschwert, zumal gerade die eigenen Tabakbaugebiete der Monarchie zum großen Teile unmittelbares Kriegsgebiet waren. Die Überseeeinfuhr wurde natürlich völlig unterbrochen und es bestand nur die Möglichkeit, zeitweilig Rohtabak aus dem Balkan zu beziehen, der ja nur für Zigaretten in Betracht kommt.

Dank der alten Tradition entsprechenden reichlichen Bevorrätigung der Monopolbetriebe mit Rohstoffen ist es trotz der geschilderten Verminderung der Rohstoffbezüge gelungen, den enormen Bedarf der Heeresverwaltung während des ganzen Krieges ungestört zu decken. Bei Deckung des Zivilbedarfes begannen die Schwierigkeiten erst ungefähr im dritten Kriegsjahre sich fühlbar zu machen, Schwierigkeiten, die schließlich zu der auch für Deutsch-Österreich noch geltenden Einführung des Kartensystems geführt haben. Die Tabakpreise wurden während des Krieges wiederholt erhöht, doch haben diese Erhöhungen im allgemeinen nur zur Deckung der Produktionskostensteigerung gedient.

Der Umsturz hat nun zwar in technischer Beziehung für Deutsch-Österreich keine erhebliche Störung hervorgerufen, da ja die Tabakfabriken im alten Österreich so ziemlich auf alle Länder verteilt waren, wohl aber ist Deutsch-Österreich in bezug auf die Rohstoffversorgung vor eine neue Lage gestellt, indem es nun ausschließlich auf ausländische Bezüge angewiesen sein wird.

Das Salzmonopol hat sich in Österreich aus dem schon vor Jahrhunderten vom Staate in Anspruch genommenen Salzregal entwickelt und besteht in der heutigen Form seit der Schaffung der Zoll- und Staatsmonopolordnung (1835). Es beschränkt sich auf die Salzerzeugung. In staatsfinanzieller Beziehung kommt dem Salzmonopol nicht jene Bedeutung zu wie dem Tabakmonopol, gleichwohl liefert aber auch dieses Monopol eine immerhin ansehnliche Staatseinnahme. Im Jahre 1913 betrugen die Einnahmen rund 49 Millionen Kronen, die Ausgaben rund 20 Millionen Kronen.

Deutsch-Österreich befindet sich in bezug auf die Salzversorgung in keineswegs ungünstiger Situation, indem es über die reichen alpinen Salinen verfügt. Doch kann in diesen Salinen nur das verhältnismäßig hohe Gestehungskosten verursachende Sudsalz gewonnen werden, während das Industriesalz, sollen die einschlägigen Industrien konkurrenzfähig bleiben, von auswärts wird bezogen werden müssen.

Während des Krieges wurde ein weiteres Finanzmonopol geschaffen, das Saccharinmonopol. Diesem Monopole kommt eine besondere Wichtigkeit nur während der Dauer der Zuckerknappheit zu. Es wird die unmittelbare staatsfinanzielle Bedeutung einbüßen, sobald Zucker wieder in ausreichender Menge zur Verfügung stehen wird. Seine dauernde Bedeutung wird aber darin liegen, daß es einen wirksamen Schutz der Zuckersteuerinteressen zu bilden haben wird. Im Augenblick verfügt Deutsch-Österreich noch nicht über eine eigene Saccharinerzeugung, doch wird diese in naher Zeit aufgenommen werden.

Zu den Verbrauchssteuern im engeren Sinne und den Finanzmonopolen gesellen sich als weitere Form der indirekten Besteuerung die reinen Finanzzölle. Sie bestehen in der Belastung von ausschließlich aus dem Zollauslande bezogenen Verbrauchsgegenständen mit Einfuhrabgaben. Es sind dies vor allem die Einfuhrzölle auf Kaffee, Tee und Kakao. Während des Krieges hat die staatsfinanzielle Bedeutung dieser Einnahmen nahezu aufgehört und es lag auch kein Anlaß vor, während des Krieges das Ausmaß dieser Abgabe zu erhöhen, wohl aber wird in Zukunft eine starke Anspannung dieser Steuerquelle eintreten müssen.

Die im Vorstehenden kurz besprochenen Staatseinnahmen bilden den Komplex der wichtigsten der heute in Deutsch-Österreich bestehenden Abgaben auf Verbrauchsgegenstände. Es kann schon heute keinem Zweifel unterliegen, daß das Problem der Wiederherstellung der Ordnung im Staatshaushalte selbst bei stärkster Heranziehung der direkten Steuerquellen und größter Ausnützung der unter dem Titel der Verkehrssteuern möglichen Staatseinnahme nicht wird gelöst werden können, daß vielmehr auch die indirekte Besteuerung sowohl in intensiver als extensiver Richtung weiter ausgestaltet werden muß. In welcher Form dies zu geschehen haben wird, darüber mag ein Urteil heute noch verfrüht sein. Nur so viel kann gesagt werden, daß hierbei der Anschluß an das Deutsche Reich richtunggebend sein wird. Bei vielen Abgaben besteht schon heute mehr oder weniger Übereinstimmung sowohl im System als in der Höhe der Belastung, bei manchen dagegen bestehen einschneidende Unterschiede, und zwar nicht bloß was die Abgabe an sich betrifft, sondern insbesondere auch hinsichtlich der Produktionsbedingungen, was die Einschaltung eines Übergangszeitraumes notwendig machen wird. Als letztes Ziel wird aber die völlige Vereinheitlichung aller staatlichen Abgaben auf Gegenstände des allgemeinen Verkehrs unter allen Umständen festgehalten werden müssen.

Die Aussichten der Rindviehzucht in Deutsch-Österreich.

Von

Dr. Michael Hainisch.

Deutsch-Österreich ist, soweit seine Grenzen heute feststehen, ein Land, in dem die Gebirgsgegenden einen breiten Raum einnehmen. Gebirgig ist der Norden Oberösterreichs und der Nordwesten Niederösterreichs, gebirgig vor allem das Gebiet südlich der Donau. In diesem streicht die Kette der Alpen von der Schweizer Grenze, allmählich an Höhe verlierend, gegen die ungarische Tiefebene. Deutsch-Österreich ist somit ein Land, das wie wenige zur Viehzucht, und zwar insbesondere zur Rindviehzucht, geeignet ist. Im Nachstehenden sollen die Aussichten dieser besprochen werden. Ich werde mich dabei ausschließlich auf das Alpengebiet beschränken, einesteils deshalb, weil die nördlichen Gebirgsgegenden gegenüber den alpinen an Ausdehnung weit zurücktreten, sodann aber auch, weil die Viehzucht in den ersteren nicht die Aussicht besitzt wie in den letzteren.

Das Alpengebiet läßt sich in das der Zentralalpen und das der Ostalpen trennen. In den Zentralalpen liegt die Talsohle höher als in den Ostalpen und die Lehnen sind steiler. Hingegen sind die klimatischen Verhältnisse hier günstiger wie dort, weil die Zentralalpen im Gebiete des Föhns liegen, der oft in wenigen Tagen die Schneedecke zum Schmelzen bringt. Deshalb liegt die Vegetationsgrenze in den Zentralalpen wesentlich höher als in den Ostalpen. Andererseits ist aber in dem erstgenannten Gebiete die Fläche, die dem Ackerbau gewidmet werden kann, kleiner als in dem letztgenannten. Der Acker tritt zurück, die natürliche Weide in den Vordergrund, mag diese nun Voralpe oder Hochalpe sein. Die Natur hat somit den Bewohnern der Zentralalpen in höherem Maße als denen der Ostalpen die Wirtschaftsrichtung vorgezeichnet. Es ist unter solchen Umständen kein Zufall, daß Tirol, insbesondere aber Vorarlberg an der Spitze der alpinen Viehzucht stehen. Zwar wurde auch in den Ostalpen von jeher Rindviehzucht betrieben, sie bildete aber nicht das vornehmste Ziel der Wirtschaft. Wie vordem zieht der Bauer der Ostalpen auch heute noch wesentlich Ochsen auf, die er für seinen Ackerbau braucht und nach einigen Jahren abstößt, wenn die Ersatztiere herangewachsen sind. Nicht die Milchleistung der Kühe, sondern die Zugleistung der Ochsen fand in der Zucht die größte Würdigung. So kommt es denn, daß in den Zentralalpen der Prozentsatz der Ochsen am gesamten Rindviehbestande nur halb so groß ist als in den Ostalpen, daß aber umgekehrt die Milchleistung hier unvergleichlich höher ist als dort. Von dem ganzen deutschösterreichischen Alpengebiete kann man aber, wenn man von Vorarlberg absieht, sagen, daß es, sowohl was den Ackerbau als die Viehzucht betrifft, ziemlich rückständig ist. Die Volksschulbildung läßt zu wünschen übrig, für die fachliche Ausbildung wurde erst in jüngster Zeit etwas getan und an Beispielswirtschaften fehlte es bei dem Mangel leistungsfähiger Großbetriebe gänzlich. So unerfreulich dieser Zustand ist und so sehr sich die jahrzehntelange Vernachlässigung der Alpenländer in der Kriegszeit gerächt hat, so eröffnet er gerade deshalb für die Zukunft ziemlich große Aussichten. Infolgedessen wird jeder, der die landwirtschaftlichen Verhältnisse in unsern Alpenländern kennt, mit Zuversicht in die Zukunft blicken können.

Vor dem Kriege pflegte man gewöhnlich zu empfehlen, nach Schweizer Muster den Getreidebau möglichst einzuschränken. Unter dem Einflusse des Krieges ist man aber zur Überzeugung gelangt, daß der Getreidebau innerhalb gewisser Grenzen erhalten werden soll. Aber selbst die Anhänger dieser Ansicht werden zugeben, daß es unzweckmäßig ist, in Höhen von über tausend Metern oder an steilen Lehnen Getreide zu bauen. Was durch eine solche Einschränkung des Getreidebaus an Nahrungsmitteln verloren geht, läßt sich durch Verwendung hochgezüchteten Saatgutes reichlich wettmachen. Auf Grund eigener Erfahrung kann ich der Meinung Ausdruck verleihen, daß sich gerade in den Gebirgswirtschaften auf guten Äckern der Hektarertrag um 50 Proz. heben ließe.

Das Hauptgewicht werden wir freilich auf die Viehzucht legen müssen. Zu diesem Behufe werden die Alpen, die sich meist in ganz verwahrlostem Zustande befinden, zu verbessern sein. Aber damit allein ist es noch nicht getan. Es muß die Bevölkerung auch um so mehr zu genossenschaftlichem Alpbetriebe erzogen werden, je kleiner die einzelnen Grundbesitzungen sind. Mit dem System, daß auf je vier bis fünf Rinder eine eigene Alphütte gebaut werden muß, in der zwei Menschen Sommerfrische genießen und den halben Tag Holz verbrennen, muß gebrochen werden. Noch wichtiger als die Hebung der Alpwirtschaft ist die des Futterbaues im Tale. Im Hochgebirge deshalb, weil viele Bauern über unverhältnismäßig große Alpenflächen verfügen und nur schwer ihr Vieh überwintern können, im Mittelgebirge hinwiederum, wo weniger ausgedehnte natürliche Weiden zur Verfügung stehen, weil ihnen der künstliche Futterbau die Möglichkeit eröffnet, zur intensiven Weidewirtschaft überzugehen, also einen Teil ihrer Fläche in Dauerweiden umzulegen, ohne ihren Viehstand verkleinern zu müssen. Zum Glück eröffnen sich hier sehr günstige Aussichten. Zunächst wird sich durch die Drainierung und entsprechende Behandlung der vielen nassen Wiesen die Heuernte quantitativ und qualitativ heben lassen. Sodann aber verspricht die Anlage von Kunstwiesen einen glänzenden Erfolg. Hier sei insbesondere auf die erfolgreiche Arbeit des Direktors Schubert im unteren Inntal Tirols verwiesen, die wesentlich darauf hinausläuft, die alte Eggartenwirtschaft zu verbessern. Die Eggartenwirtschaft — in Norddeutschland Feldgraswirtschaft oder Koppelwirtschaft genannt — besteht darin, ein und dasselbe Grundstück abwechselnd als Acker und Wiese zu verwenden. Der Bauer unserer Alpen pflegt Mitte oder Ende August sein Getreide zu schneiden und es nach einiger Zeit einzuführen, das Stoppelfeld seinem Schicksale überlassend. Dieses beginnt, kaum daß die Garben in der Scheuer sind, zu grünen, so daß man es von einiger Entfernung aus von einer Wiese nicht unterscheiden kann. Indes besteht die Flora, die sich hier bildet, wesentlich aus Unkräutern, die wertvolle Futterpflanzen nicht aufkommen lassen. Sät man nun mit dem Getreide eine gute Mischung von Grassamen aus, so entsteht in der Folge eine Wiese, die eine um mindestens 50 Proz. größere Ernte bringt als jene, die auf dem sich selbst überlassenen Felde entsteht. Wie bei der Verwendung besseren Saatgutes beim Ackerbau, läßt sich hier durch Einsaat von Gras- oder Kleesamen sofort bei sehr geringem Kostenaufwande ein hoher Ertrag erzielen. Es gilt nur den Leuten die Beispiele vor Augen zu führen, um sie zu gewinnen. Dauernd läßt sich die Futterproduktion freilich nur auf einer gewissen Höhe erhalten, wenn die Düngerwirtschaft gehoben wird. Wir brauchen also Kunstdünger, und zwar insbesondere Kali und Phosphate. Noch wichtiger wäre aber die bessere Behandlung des Stalldüngers. Insbesondere könnte durch die Güllenwirtschaft nach Algäuer Muster der Ertrag der Wiesen und Weiden beträchtlich gehoben werden. Zu diesem Behufe müßte mit allem Nachdruck auf den Bau von Jauchegruben und die Schaffung entsprechender Stalleinrichtungen gedrungen werden. Reichlicher Subventionen bedarf es heute, wo der Staat arm ist, während unsere Bauern über Barmittel verfügen, nicht. Hingegen wäre ein Stab von ausgebildeten Facharbeitern anzustellen und diese, sowie das Material zu Selbstkosten zu überlassen.

Die Ausbringung der Gülle mittels Schläuchen bietet auch den Vorteil, daß man den Gefahren der Trockenperioden, die sich immer wieder einstellen, zu begegnen in der Lage ist. Mischt man die Gülle mit Wasser und leitet sie mehrmals aus, so lassen sich selbst in sehr heißen Sommern quantitativ befriedigende Heuernten erzielen. Viel mehr als unter der Dürre leidet allerdings die alpine Landwirtschaft unter der Nässe, indem selbst dort, wo die absolute Niederschlagsmenge tausend Millimeter nicht übersteigt, die Niederschlagshäufigkeit bedeutend ist. Gelänge es, ein Verfahren der Futterkonservierung, bei dem der Nährstoffverlust nicht allzu bedeutend wäre, oder ein Trockenverfahren zu entdecken, so wäre der alpine Landwirt der größten Sorgen ledig. Aus der Schweiz wird berichtet, daß im Jahre 1916 ein neues Verfahren süßer Ensillage weite Verbreitung gefunden habe, das sich überall dort bewähre, wo die Milch nicht zur Käsefabrikation verwendet werde. Andererseits setzt die ganze deutsche Landwirtschaft die größte Hoffnung auf die Ausdehnung des Trocknungsverfahrens. Sollten sich diese Hoffnungen nicht als eitel erweisen, so ginge die alpine Landwirtschaft einer schönen Zukunft entgegen. Sie gewönne ein nährstoffreiches Futter, könnte die ohnehin kurze Vegetationsperiode besser ausnützen als bisher und hätte den Vorteil, daß sich der Bedarf an Arbeitskräften gleichmäßiger verteilte. Könnte man das Futter konservieren oder trocknen, so brauchte man nicht tage-, ja wochenlang zu warten, um überständiges Futter zu mähen, oder verregnetes Heu einzuführen, um dann plötzlich eine ungeheure Arbeit leisten zu müssen. Man könnte vielmehr tagaus tagein gleichmäßig fortarbeiten. Durch Güllenwirtschaft einerseits, Konservierung und Trocknung andererseits würde der alpine Landwirt der Elemente Herr werden, die sich heute nicht selten gegen ihn verbündet zu haben scheinen. Die künstliche Trocknung dürfte sich allerdings bei dem Kohlenmangel unserer Alpenländer nur durchführen lassen, wenn es gelänge, die Kraft des Wassers dienstbar zu machen.

Neben den erwähnten Maßregeln, die die Haltung eines zahlreichen Viehstandes ermöglichen, kämen allerdings noch Maßregeln der Viehzucht im besonderen in Betracht. In Steiermark soll die durchschnittliche Milchleistung einer Kuh 1600 Liter nicht übersteigen. Eine Erhöhung dieser um 50 Proz. müßte unschwer zu erreichen sein. Ähnliche Verhältnisse wie in Steiermark herrschen auch in anderen Ländern, von Tirol und Vorarlberg abgesehen. Die Steigerung des Milchertrages um reichlich ein Drittel schon in den nächsten Jahren läge nicht außerhalb des Bereiches der Möglichkeit. In der Folgezeit werden wir aber mit einer weit höheren Steigerung rechnen dürfen. Qualitätsvieh einerseits und Molkereiprodukte andererseits könnten unsere Alpenländer in weit größerem Maße wie bisher zur Verfügung stellen. Was die Schweiz vermag, vermögen wir auch, vorausgesetzt, daß der ernste Wille vorhanden ist.

Ich habe mich bisher auf die Besprechung der Rindviehzucht und -Haltung beschränkt. Ich möchte nun noch ein paar Worte über die Zucht der andern Haustiere sprechen. Diese Haustiere stehen mit dem Rinde im Verhältnis einer gewissen Symbiose. So läßt sich bei intensivem Weidebetriebe auch die Zucht von Pferden und Schafen betreiben, insofern man die von den Rindern benützten Koppeln nachträglich durch Pferde oder Schafe abweiden läßt. Diese viel weniger anspruchsvollen Tiere reinigen die Weide von allen Pflanzen, die das wählerische Rind verschmäht. Pferde oder Schafe kosten somit bei Weidebetrieb während des Sommers nicht nur nichts, sondern ersparen noch Arbeit. Wie sich die Pferde- und Schafzucht sehr gut mit der Rinderzucht vereinigen läßt, so auch die Schweinezucht mit der Rinderhaltung. Überall dort, wo nicht die Vollmilch unmittelbar verkauft wird, ist das Schwein der natürliche Konsument von Magermilch und Molke. Je mehr also die Alpenländer zur Milchwirtschaft übergehen, desto stärker kann die Schweinehaltung werden, und zwar insbesondere dann, wenn gleichzeitig der Kartoffelbau ausgedehnt und die Kartoffeltrocknung eingeführt werden sollte. Auch nach dieser Richtung hin eröffnen sich günstige Aussichten.

Eines muß allerdings mit größtem Nachdruck hervorgehoben werden. So sehr die Viehzucht der Alpenländer auch steigerungsfähig ist, so können diese doch billiges Vieh nicht erzeugen. Der Winter währt mindestens sechs Monate und nötigt zur kostspieligen Winterstallfütterung. Ein gewisses Preisniveau für Rinder ist somit die Voraussetzung der alpinen Viehzucht. Wie sich die Viehpreise in Zukunft stellen werden, wissen wir nicht. Es wird daher vor allem eine Aufgabe der alpinen Viehzucht sein, nur Qualitätsvieh zu züchten, um sich einigermaßen vor den Folgen zu niedriger Fleischpreise zu sichern.

Sehen wir von der Frage des Preises ab, so lassen sich alle Voraussetzungen des landwirtschaftlichen Fortschrittes schaffen. Zunächst bedarf es einer Reform unseres Schulwesens, die ich mehr in der Richtung der Anpassung der Schulorganisation an die eigentümlichen Bedürfnisse der Landwirtschaft als in einer Änderung des Lehrzieles erblicke. Können unsere Bauern die Arbeit ihrer zwölf- bis vierzehnjährigen Kinder nicht entbehren, so gewähre man die „Sommerbefreiung“, führe aber für die vierzehn- bis sechzehnjährigen im Winter einen Fortbildungskurs ein. Ganz erheblich mehr als bisher muß aber für die fachliche Ausbildung geschehen. Dazu bedarf es nicht nur der Schulen, so unentbehrlich diese auch sind. Als außerordentlich zweckmäßig hat sich das Verfahren erwiesen, tüchtige junge Burschen zu erfahrenen Schweizer Landwirten als Knechte zu senden. Da der Arbeitslohn in der Schweiz vor dem Kriege viel höher war als in Österreich, kostete der praktische Unterricht nichts, ja der junge Österreicher war sogar in der Lage, Ersparnisse nach Hause zu bringen. Als ein weiteres sehr zweckmäßiges Mittel erschiene es mir, eine Einwanderung Schweizer Landwirte in die österreichischen Alpenländer zu organisieren. Vor dem Kriege war der Grundwert in Österreich viel niedriger als in der Schweiz. Er dürfte auch heute trotz der Wertsteigerung von Grund und Boden noch erheblich niedriger sein, zumal die Zahlungskraft unseres Geldes beträchtlich gesunken ist. Unter solchen Umständen bedürfte es nur eines Güternachweisamtes, um die österreichischen Alpenländer mit tüchtigen Schweizer Landwirten zu durchsetzen, die geeignet wären, unseren Bauern unentgeltlich praktischen Unterricht in der alpinen Landwirtschaft zu erteilen. Vor ungefähr einem Jahre hat das leider zu früh verstorbene Mitglied des kärntnerischen Landesausschusses Dobernig in diesem den Antrag gestellt, Schweizer Landwirte nach Kärnten zu berufen. In welchem Stadium sich diese Angelegenheit befindet, entzieht sich meiner Kenntnis.

Ich schließe meine Ausführungen, indem ich meiner festen Überzeugung Ausdruck verleihe, daß sich unsere Alpenländer in nicht zu ferner Zukunft zu Gebieten entwickeln werden, die auf dem Gebiete der Wirtschaft ehrenvoll neben denen anderer deutschen Stämme stehen werden.

Die Wasserkräfte Deutsch-Österreichs.

Von

Adolf Bachofen (Wien).

Wenn wir nach den schwersten Sorgen fragen, die heute Deutsch-Österreich bedrücken, so sind es neben denen nach den notwendigsten Nahrungsmitteln jene nach Kraft, Wärme und Licht.

Wir haben durch den unglücklichen Krieg die wichtigsten Quellen, aus denen wir diese drei bezogen, verloren. Wir haben eine Riesenstadt, die ihren ganzen Bedarf an Brennmaterial aus jetzt feindlichem Ausland bezog, ein hochentwickeltes Verkehrswesen, eine mächtige Industrie, die zum weit größten Teil von Kohle, Benzin und Petroleum abhingen, die aus Gebieten kamen, die mit uns in einem Reich vereinigt waren und jetzt von unseren Gegnern beherrscht werden. Wir bezogen diese Materialien auf einheitlich geleiteten Bahnstrecken, selbstverständlich zollfrei und zu geringen Preisen, da unsere Länder die wichtigsten Abnehmer waren, und vielfach waren gerade die Gebiete, aus denen sie kamen, die Käufer für die Erzeugnisse unserer Fabriken. Alles dies hat der Ausgang des Krieges mit einem Schlag geändert, und nur zu unserem Nachteil geändert, denn zwischen uns und den Kohlenlagern Mährens und Schlesiens und den Petroleumquellen Galiziens entstanden plötzlich Staatsgrenzen, die durch hohe Zölle geschützt werden, und alle früheren Berechnungen, die auf Verwendung von Kohle beruhen, verlieren ihre Grundlage. Es gilt mit äußerster Kraftanstrengung alles, was von früher übernommen ist, gänzlich umzugestalten und sehr viel vollständig neu aufzubauen.

Es ist nicht nötig, ein großer Techniker zu sein, um zu sehen, daß das einzige unzweifelhafte Aktivum, das wir besitzen, das uns in dieser Richtung dienen kann und muß, die Wasserkräfte sind, die über das ganze Gebiet Deutsch-Österreichs verteilt sind und so gut wie nirgends gänzlich fehlen. Staunen und Bedauern erfüllt jeden, der sich klar macht, wie anders unser Land stände, wenn in den letzten 20 Jahren schon großzügig an deren Ausbau gearbeitet worden wäre. Die Wichtigkeit, diese Aufgaben zu beginnen, ist seit jener Zeit ununterbrochen betont worden und theoretisch vielfach in vortrefflicher Weise bearbeitet. Es ist auch eine Anzahl von Werken ausgestaltet, die auf der vollen Höhe des Besten, das in irgendeinem Lande geschaffen wurde, stehen, aber ein ungeheuer großer Teil liegt heute noch brach wie vor Jahrhunderten.

Zwei gewichtige Momente sind es, die die Entwicklung hinderten. Zunächst war die Kapitalkraft der Industrie und die Möglichkeit der Kapitalbeschaffung für dieselbe weit geringer als in den übrigen europäischen Ländern, und Kohle stand reichlich und billig zur Verfügung. So kam es, daß häufig bei dem Vergleich einer kalorischen Anlage mit einer Wasserkraft die erstere gewählt wurde, weil das dazu nötige Kapital wesentlich geringer war als bei der letzteren. Man kann ruhig annehmen, daß auch bei günstigen Verhältnissen der Ausbau einer Wasserkraft dreimal so viel kostet wie die Errichtung einer Dampfkraftanlage, wobei Leitungskosten nicht gerechnet sind. Dazu kommt, daß man eine Dampfkraftanlage genau in der Stärke schaffen kann, wie man sie braucht, und dorthin stellt, wo man sie verwenden will, während eine Wasserkraft immer nur dann ökonomisch sein wird, wenn sie auch voll ausgenützt werden kann. Lag ein Industrieunternehmen nicht direkt an der Kraftquelle, kamen große Auslagen für die Fernleitungen dazu, und dann verschlang die Verzinsung des investierten Kapitals leicht mehr, als für die Kohlen bei den damaligen Preisen gerechnet werden mußte. Rechnet man hinzu, daß die Bauzeit für eine kalorische Anlage selbst sehr großen Ausmaßes kaum je über ein Jahr währte, während viele Wasserwerke nicht schneller als in mehrjähriger Bauzeit herzustellen sind, weiß man, welche Schwerfälligkeit in der kommissionellen Behandlung selbst solcher Wasserkraftanlagen, auf die der Staat nicht die Hand gelegt hat, gebräuchlich war, dann begreift man, daß die Industrie seltener als sonstwo sich der Wasserkräfte bediente. Hätte der Staat Kraft und Mut gehabt, fördernd statt hindernd einzugreifen, wäre vielleicht die Entwicklung eine lebhaftere gewesen, aber das wichtigste Hindernis war das Vorgehen der Staatsverwaltung selbst. Zunächst ist die Steuer auf Kraftwerke um ein Vielfaches höher als sonst irgendwo auf der Welt. Für große Werke ist der Steuersatz vom Reinertrag viermal so hoch als in der Schweiz und beträgt per Pferdekraft bis 9 Kronen im Jahre, wozu noch in einigen Ländern Zuschläge kommen, die diesen Betrag mehr als verdoppeln. Allein diese Steuersätze machen es absolut unmöglich, daß die Wasserkräfte im alten Österreich in Konkurrenz gezogen wurden, wo es sich um Erzeugung von Artikeln handelte, die auf den Weltmarkt kommen sollten. In Norwegen zum Beispiel kommt die Pferdekraft im Jahre auf etwa 20 Kronen, also nur wenig teurer, als bei uns die Abgabe beträgt. Weiter hielt man länger als ein Jahrzehnt an der Theorie fest, daß zunächst die Eisenbahnen elektrisch betrieben werden müßten und daher das Vorrecht auf die wichtigsten großen Wasserkräfte haben sollten. Man legte die Hand auf die wichtigsten Gefällstufen, sperrte dadurch die Möglichkeit zum Ausbau großer Werke und studierte dieselben, wog die Werte der einzelnen gegeneinander nur von diesem Gesichtspunkte aus ab und entschloß sich doch nicht zum Ausbau, weil wirklich große Schwierigkeiten in dem Charakter unserer Wasserkräfte gerade für diese Art von Verwendung liegen und weil das Kriegsministerium sich nicht einverstanden erklärte. Nicht weniger wie acht Konzessionen von vollständig baureifen Projekten sind im Besitz des Eisenbahnministeriums, ohne daß ein Spatenstich gemacht wurde, ja das Bezugsrecht für die Kraft aus einem von Privaten ausgebauten Werk wurde auf der Strecke, die für die Versuche bestimmt war, durch fünf Jahre nicht ausgeübt, bis der Krieg die Absicht, die Versuche endlich zu beginnen, vereitelte.

So wenig positive Arbeit draußen geschaffen wurde, so glänzend arbeitete das Studienbureau, und seine Veröffentlichungen, die außerordentlich genaue Messungen und gründliche Durcharbeitungen aller Werke enthalten, sind von dauerndem höchsten Wert. Nicht weniger als 433 Gefällstufen in dem früheren Österreich wurden von dort studiert und bis zum Jahre 1917 aufs genaueste durchgearbeitet; ungefähr 295 fallen in das Gebiet des jetzigen deutsch-österreichischen Staates mit annähernd 1 570 000 Pferdekräften. Betrachtet man den Ausbau der Wasserkraftanlagen nur unter dem Gesichtswinkel der Elektrifizierung der Bahnen, waren diese ausgedehnten Vorstudien sicher berechtigt, denn die Eigenart des Eisenbahnbetriebes stellt ganz besondere Anforderungen, vor allem neben einer erheblichen Dauerleistung an außerordentliche Spitzendeckung für die Zeiten vorübergehender plötzlich eintretender Höchstleistungen. Die Alpenwasserkräfte haben fast alle Perioden sehr geringer Wasserführung, und die Möglichkeiten, große Wassermengen aufzustauen, sind dort selten. Die Folge war, daß man zu immer weiter ausgreifenden Verbindungen sehr weit auseinander liegender Wasserkräfte gelangte, denn in verschiedenen Niederschlagsgebieten treten die Tiefstände zu verschiedenen Zeiten ein und Speicherwerke sind meist in anderen Gegenden möglich als dort, wo einzelne Werke mit sehr hoher Kraftentfaltung entstehen können. Neben den

Arbeiten des Studienbureaus der Staatsbahnen liefen sehr wertvolle Arbeiten von Elektrizitätsfirmen und Privaten, so daß an Vorstudien und Projekten wahrlich kein Mangel ist. Gerade der hemmende Einfluß, den die Ministerien auf die Ausführung übten und der dort verfochtene Gedanke, daß die ganze Frage für das gesamte Gebiet der ehemaligen Monarchie einheitlich geregelt werden müsse, zwang zu tiefgründigen Arbeiten und führte schließlich zu einer großen Anzahl Entwürfen über ein Reichsleitungsnetz, das die Hochspannungswerke der Alpen mit den mächtigen, in Böhmen und Mähren möglichen Talsperrbauten, mit den Niederdruckwerken der Donau und den kalorischen Zentralen, die man sich in den Bergwerksgebieten Böhmens, Mährens, Schlesiens und Galiziens zu schaffen vorsetzte, in eine Einheit zusammenzog. Der weitgehendste Entwurf umspannte das ganze Gebiet, das zwischen Isonzo und Drau, zwischen Oberösterreich und Westböhmen und der gewaltigen Talsperre, die am Dunajez geschaffen werden kann, mit einer einzigen Ringleitung, in die alle Werke hineinarbeiten sollten. Wenn ungeheure Kapitalien zur Verfügung ständen, wäre das Ausspinnen dieser Gedanken gewiß vollberechtigt, da die Perioden des Mindestwasserstandes in Böhmen, Mähren, Schlesien und Galizien zu ganz anderen Zeiten eintreten als in den Alpen, wo sie auch am nördlichen und südlichen Hang verschieden sind, aber allein das Leitungsnetz hätte schon im alten Österreich und zu den alten Preisen viele 100 Millionen verschlungen, das Netz und die Werke zusammen viele Milliarden, für die auch das alte Österreich nie den Kredit aufgebracht hätte.

Heute ist die Lage eine ganz andere. Die wertvollsten Kohlenlager liegen in dem Besitz von fremden Völkern, die uns die Kohle bei dem erschreckenden Rückgang der Förderung, den der Krieg mit sich gebracht hat, noch durch viele Jahre nur in bescheidenem Maße und zu sehr hohen Preisen verkaufen werden. Unsere eigene Kohlenförderung, die durchgehends nur über minderwertige Sorten verfügt, wird nie mehr als nur einen Bruchteil unseres Bedarfes decken. Sie wird nicht für die Bedürfnisse des Hausbrandes und der in Steiermark knapp bei ihrem Vorkommen liegenden Eisenindustrien genügen. Da auch diese verkokbare Sorten benötiget, werden wir selbst bei vollem Ausbau aller Wasserkräfte noch gewisse Mengen Kohle einführen müssen. Soweit irgend möglich, müssen wir uns von dieser Einfuhr frei machen, und der Weg dahin führt nur über den Ausbau der Wasserkräfte, der baldigst und vor allem mit den vorteilhaftesten Werken beginnen sollte. Für unsere Gesamtwirtschaft ist es ja nicht wesentlich, wo die Kohle gespart wird, sondern es kommt nur darauf an, daß sie gespart wird und daß diese Ersparnis mit so wenig Opfern wie möglich erkauft wird.

Es hilft uns heute nichts, daß wir wissen, elektrische Ströme können auf viele 100 Kilometer übertragen werden. Der Preis des Kupfers ist auf ein Vielfaches gestiegen und im umgekehrten Maße ist der Umkreis um ein Werk, in dem sein Strom verwendbar ist, zusammengeschrumpft. Auf Jahre hinaus ist die Errichtung eines Netzes, das Deutsch-Österreich umspannt, eine hoffnungslose Utopie. Wohl müssen wir diese Möglichkeit für eine fernere Zukunft im Auge behalten und die Vorbedingungen schaffen. Dazu genügt ein Gesetz, das die Perioden und die Spannung für alle Werke festsetzt und die Bedingungen wirtschaftlichen Ausbaus für jede einzelne Anlage festlegt. Besteht dies, fällt jedes Hindernis weg, daß sich später Gruppen von Werken untereinander verbinden und in der Folge immer neue sich aneinander anschließen, bis alles zu einer ganzen Einheit zusammenkristallisiert. Falsch wäre es, diesen Schluß der Entwicklung an die Spitze zu stellen. Jetzt gilt es, jene Werke zu erstellen, die möglichst nahe an äußerst aufnahmefähigen Verbrauchsstellen liegen, und jene, die hervorragend billig auszubauen sind, aber von Verbrauchsstellen entfernt liegen, gleichzeitig mit solchen Industrien zu schaffen und in Verbindung zu bringen, deren hoher Stromverbrauch, wie bei Stickstoff- und Aluminiumerzeugung, volle Ausnützung der Kraft gewährleistet. Daneben muß auf die Versorgung der Landwirtschaft mit elektrischem Strom das höchste Augenmerk gerichtet werden. Das Ziel des Staates mag es sein, die ganze Elektrizitätswirtschaft in seine Hand zu bringen; bei seiner verzweifelten finanziellen Lage wird er dieselbe jedoch nur in Gang bringen können, wenn er allen, die Werke ausbauen wollen — Ländern, Gemeinden oder Privaten — die Wege, soweit wie irgend möglich, ebnet, sonst wird er in tiefste Abhängigkeit von fremdem Kapital gelangen.

Um ein Bild zu bekommen, wie weit unsere Wasserkräfte genügen, um unseren Bedarf an Kraft zu decken, ist der einzig gangbare Weg, festzustellen, wieviel Kraft wir bisher auf kalorischem Wege erzeugt haben. Genaue Zahlen für Deutsch-Österreich sind nicht zur Verfügung, da alle älteren Arbeiten über den Verbrauch und Erzeugung sich auf ganz Österreich beziehen, doch lassen sich auf verschiedenen Wegen ziemlich sichere Werte errechnen. Der Kohlenverbrauch im alten Kaiserreich setzt sich vor dem Kriege zusammen aus:

Steinkohle, aus inländischen Gruben	. . . .	16 500 000 t
Braunkohlenförderung 27 500 000 t		
ab Ausfuhr 8 800 000 „		
gibt 18 700 000 t, in Steinkohle umgerechnet	. . . .	12 500 000 „
Einfuhr fremder Kohle	. . . .	13 200 000 „
	Summe	42 200 000 t

Auf Deutsch-Österreich entfallen hiervon etwa 12 500 000 Tonnen (auf Steinkohlen gerechnet); ziehen wir hiervon den Hausbrand für sechs Millionen Einwohner zu 250 Kilogramm pro Person und Jahr (im Kriege standen nur 140 Kilogramm zur Verfügung) mit 1 500 000 Tonnen ab, bleibt für Eisenbahn und Industrie 11 Millionen Tonnen übrig, wovon zwei Millionen auf die Eisenbahnen kommen dürften. Von den restlichen neun Millionen Tonnen kommen gering gerechnet zwei auf Verhüttung von Erzen und ähnliche Prozesse, so daß uns sieben Millionen Tonnen zur Krafterzeugung bleiben, was rund 45 Milliarden Pferdekraftstunden oder, bei einer Annahme von 6000 Betriebsstunden im Jahre, rund 700 000 Betriebspferdekräfte ergibt.

Ein ähnliches Resultat erhalten wir, wenn wir von der Heizfläche der Kessel ausgehen, die sich für Deutsch-Österreich aus etwa 8000 Dampfkessel mit ungefähr 600 000 qm Heizfläche ergibt. Nachdem sicher davon stets ein Drittel als außer Betrieb angenommen werden kann und viele alt und unökonomisch sind, können wir für den Quadratmeter Heizfläche kaum über zwei Pferdekräfte annehmen und kommen auch auf diesem Wege auf eine Menge, die zwischen 7—800 000 Pferdekräfte liegt.

Diesem Bedarf an Kraft und Wärme aus 12 500 000 Tonnen Kohle per Jahr stand in den Friedensjahren eine Erzeugung in den Alpenländern von 2 750 000 Tonnen gegenüber, und zwar minderwertiger Braunkohle (während des Krieges 1 500 000 Tonnen), die mit höchstens 1 000 000 Tonnen Steinkohle gleichwertig sind, also noch lange nicht den Bedarf an Hausbrand decken. Wir gewinnen somit aus eigenen Gruben knapp 8 Proz. der Kohle, die wir zur Aufrechterhaltung unserer Wirtschaft brauchen, wenn wir die Kohlenwerke so ausnützen wie vor dem Kriege. Gewiß können noch einige Gruben aufgeschlossen und bestehende stärker ausgenützt werden, aber die Braunkohlenflötze sind von geringer Mächtigkeit und die Dauer der Ausbeute eine sehr beschränkte. Im Gegensatz dazu ist die Dauer eines Wasserwerkes eine unbeschränkte und je länger es besteht, desto billiger wird seine Kraft, weil die Amortisationsquote für Baulichkeiten und Maschinen sinkt. In den ersten Jahren nach der Gründung sind die wenigsten Wasserwerke in der Lage, ein erhebliches Erträgnis auszuweisen; dasselbe tritt erst nach Jahren im steigenden Maße ein, aber die Befruchtung aller Wirtschaftsgebiete ist der wichtigste Gewinn aus ihnen. Für uns gilt das mehr wie irgendwo anders, seit die Kohle im fremden Land liegt.

Es gilt nun festzustellen, wieweit die Wasserkräfte, die uns zur Verfügung stehen, genügen, um den vorhandenen Bedarf an Kraft und den künftigen Zuwachs zu decken. Die früher erwähnten Studien des Studienbureaus des Eisenbahnministeriums umfassen alle Gebiete Deutsch-Österreichs in gleicher Weise und beschäftigen sich nur mit großen Wasserkräften, die zu damaliger Zeit sicher ausbauwürdig erschienen. Die Kraftmenge wurde im Jahresdurchschnitt errechnet.

Vorarlberg . . .	24	Werke	mit	85 000	PK
Nordtirol	60	„	„	208 200	„
Deutsch-Südtirol .	29	„	„	259 800	„
Salzburg	28	„	„	111 450	„
Steiermark . . .	90	„	„	293 250	„
Kärnten	46	„	„	313 050	„
Oberösterreich . .	13	„	„	241 070	„
Niederösterreich .	5	„	„	55 800	„
Zusammen	295	Werke	mit	1 567 620	PK.

Damit ist jedoch der Reichtum des Gebietes an Wasserkräften keineswegs erschöpft, denn es wurden ja nur jene Werke studiert, die möglicherweise in den Interessenkreis der Staatsbahnen fielen. Die Gesamtleistungsfähigkeit aus den Alpenwasserkräften in ausbaufähigen Stufen dürfte nahe an 2,5 Millionen liegen, was auf den Kopf der Bevölkerung rund eine halbe Pferdekraft ergibt.

Vorarlberg und Tirol sind jene Gebiete, die weitaus am günstigsten mit Wasserkräften ausgestattet sind und wo tatsächlich fast in jedem Tal sich eine ausbaufähige Stufe befindet. Ein großer Teil der Flüsse entspringt in Gletschergebieten und hat infolgedessen sehr gleichmäßige Perioden reicher und geringer Wasserführung. Die Zeit des Mindestwasserstandes dauert zwischen 90 und 120 Tagen, die übrige Zeit kann

3*

mit normalem Wasser bzw. mit sehr großem Überschuß gerechnet werden. Meistens eignen sich die steilen, außerordentlich viel Geschiebe führenden Täler nicht zu Stauweihern, und nur einige hochgelegene Seen können mit Vorteil aufgestaut und damit zu wertvollen Speichern umgestaltet werden. Ein See kann in dieser Richtung von außerordentlicher Bedeutung werden, nämlich der Achensee, der jetzt seinen Abfluß nach Norden hat und gegen das Inntal durch eine gewaltige Moräne abgesperrt ist, während sein Abfluß mäßiges Gefälle hat. Nach dem Inntal abgeleitet, würde er ein Gefälle von 400 m abgeben und bei einer Fläche von 7 qkm wäre seine Speicherfähigkeit rund 42 000 000 cbm, wenn man nur eine Schwankung von 6 m annimmt. Bei dem starken Gefälle würde dieser Vorrat für 90 Tage und 12 Stunden Betrieb 40 000 Pferdekräfte bedeuten. Diese Kraft könnte also als Ergänzung für eine große Reihe von Werken des Inntales in den Zeiten tiefen Wasserstandes dienen und sein Wasser würde auch allen abwärts am Inn liegenden Werken, somit auch einer Anzahl bayrischen, zugute kommen, wodurch wahrscheinlich der Verlust, den Bayern durch die Verminderung des Abflusses erführe, reichlich wettgemacht würde.

Salzburg hat in den Nebenflüssen der Salzach und in dieser selbst reichlich Kraftquellen und steht Tirol nur wenig nach. Sein Flußgebiet leidet ebenso wie das Tirols an dem Mangel an Speichern, und hier wie dort wird man vielleicht bei einer ferneren Ausgestaltung der Werke an Pumpstationen herangehen müssen, die in Zeiten großen Wasserüberschusses dieses in Hochmoore und geeignete Täler hinaufpumpen, um für die Zeiten schlechten Wasserstandes Vorrat zu sammeln.

Steiermark und Kärnten verfügen über große Flußläufe in Enns, Mur und Drau, von denen die Enns mit der gewaltigen Gefällstufe des Gesäuses, Nebenbächen mit hohem Gefälle und einigen Staumöglichkeiten den ersten Rang einnimmt. Die Drau, an der schon einige sehr wertvolle Werke stehen, hat viel ausbaufähige, sehr wertvolle Stufen, die leider, da der Fluß jetzt die Grenze bildet, im Mitbesitz des jugoslavischen Staates sind. Hier kann man sehr bedeutende Stauwerke gewinnen, wenn man die großen Becken der jetzt abseits von den Flußtälern liegenden Seen heranzieht und die Lieser in den Millstädter, die Drau in den Wörthersee einmündet, wodurch man Stauwerke von vielen Millionen Kubikmeter gewinnt und die Dauerleistung gewaltig erhöht.

In Oberösterreich besteht bereits ein außerordentlich geschickt ausgebautes Gebiet in den Traunfallwerken, von denen später die Rede sein soll. In dem Gebiet dieser Überlandzentrale sind noch einige wichtige Stufen auszubauen, außerdem in dem Gebiet der Steier eine Gruppe von Werken zu erstellen. Durch geregelte Wasserwirtschaft an den Seen, deren dichte Uferbebauung ein wichtiges Hindernis bildet, kann die Leistung der bestehenden Werke wesentlich erhöht werden.

Niederösterreich verfügt in den vom Ötscher abfließenden Flüssen über nicht unerhebliche Wasserkräfte, und in dem Zug der mächtigen Wasserleitung, die Wien versorgt, kann eine Stufe eingeschaltet werden, die mit 5000 Pferdekräften gewertet wird. Sind schon in den Abflüssen der niederen Tauern die Schwankungen weit größer als in Tirol, weil die Gletscher fehlen, wodurch auch häufig im Hochsommer eine Periode tiefen Wasserstandes eintritt, so erreichen die niederösterreichischen Flüsse das Höchstmaß an Unregelmäßigkeiten, und die Ybbs hat eine Schwankung zwischen tiefstem und höchstem Wasserstand von 1:200, doch läßt sich gerade dieses Flußgebiet durch zwei mächtige Stauweiher in seinen Leistungen regulieren. Baut man nur das Gerinne der Ybbs aus, ergibt sich eine Mindestleistung von 6000 Pferdekräften, gestaltet man den Lunzer See und das nur 2 km davon gelegene obere Ybbstal zu Stauwerken und verbindet dieselben, erreicht man eine Verdoppelung der Mindestleistung und durch zehn Monate 15 000 Pferdekräfte, kann aber, wenn das Werk zur Spitzendeckung und zur Ergänzung anderer Werke für kurze Zeit herangezogen wird, die Leistung auch auf 20 000 Pferdekräfte bringen.

Für Nieder- und Oberösterreich bleibt der Hauptstrom, die Donau, die wichtigste künftige Kraftquelle. Auf der 340 km langen Strecke von der bayrischen bis zur ungarischen Grenze hat sie ein Gefälle von 102 m, und es sind in derselben vier Stellen, an denen die Errichtung von Werken möglich erscheint. Es sind das: das Linzerfeld, Wallsee, Tullnerfeld und Marchfeld, von denen die beiden ersteren allerdings die wesentlich wertvolleren, leichter auszubauen und auch gründlicher bearbeitet sind. Bei normaler Wasserführung von 700 cbm kann man die ausbaufähigen Werke mit mindestens 400 000 PK bewerten. Allein das Wallseewerk, das wohl als erstes zum Ausbau reif sein wird, hat eine Mindestleistung von 70 000 PK, durch 9 Monate 120 000 PK, durch 7 Monate 140 000 PK und als Maximum 160 000 PK. Das Gefälle an den 12 Turbinen, die je 12 500 PK haben, beträgt 13,5 m, das allerdings bei Hochwasser auf 9 m sinkt. Der 10 km lange Obergraben ist bei einer Breite von 100 m auch für die Schiffahrt eingerichtet, da der Hauptstrom durch ein Wehr gesperrt wird, und bei der Benutzung gewinnen die Schiffe auch noch erheblich an Zeit. Die anderen Werke werden nicht unähnlich in ihrem Ausmaße sein. Zur Ergänzung der alpinen Werke und der an der Donau gelegenen wären Speicherwerke von der größten Bedeutung und richtet sich da der Blick auf die Gelände nördlich der Donau. Diese Hügelländer mit vielfach im Urgestein tief eingeschnittenen Tälern haben nicht die scharfen Winter der Alpen, die durch Monate alles in Schnee und Eis schlagen, und hier sind Täler, die sich zu großen Wasserspeichern eignen. Die wichtigsten derartigen Gebiete an der Thaya und deren Nebenflüssen, die man mit 40 Millionen cbm bewertet, liegen heute allerdings im Gebiete des tschecho-slovakischen Staates, aber da sie allein wenig wertvoll sind, mit den anderen Kräften vereinigt jedoch von größtem Wert für beide Teile, wird vielleicht doch einmal ein Abkommen getroffen werden können. Ein weiteres Projekt an der Krems und Kamp ist zwar gründlich studiert, aber wieder fallen gelassen. Jetzt wird es vielleicht doch zum Leben erwachen. Bei gründlichem Studium wird sich auch in dem oberösterreichischen Vorlande des Böhmerwaldes noch manche Möglichkeit für größere und kleinere Stauseen finden, und hier wie an den Stauwerken an der Ybbs wird sich wohl die große Reserve finden, die nahe der Donau gelegen und mit verhältnismäßig kurzen Leitungen an das dieser folgendem Kabel angeschlossen, möglich machen wird, den großen Verbrauchsplatz Wien mit seiner industriereichen Umgebung mit stets gleicher Strommenge zu versehen.

Wenn wir den bisher erreichten Stand unserer Wasserkraftwirtschaft vergleichen mit dem anderer europäischer Staaten, schneiden wir außerordentlich schlecht ab. Es stellen sich die ausbaufähigen Kräfte im Verhältnis zu den ausgebauten ungefähr folgendermaßen:

Länder	Ausbaufähige Werke in PK	Hiervon ausgebaut	% ausgebaut
Norwegen	8 000 000	1 000 000	12,5
Schweden	4 000 000	750 000	18,5
Schweiz	2 500 000	550 000	22
Italien	5 000 000	1 000 000	20
Frankreich	5 000 000	1 000 000	20
Deutsch-Österreich	2 500 000	250 000	10

Wir sind also gegenüber allen diesen Staaten sowohl in der absoluten Menge der ausgebauten Pferdekräfte, als auch im Verhältnis dieser zu der gesamten vorhandenen Menge weit zurück. Die Verhältnisse in Deutschland lassen sich nicht leicht zum Vergleich heranziehen, da ja dessen Reichtum an Kohle ein ungeheurer ist und weit mehr Überlandzentralen auf kalorischen Werken beruhen als auf Wasserkraft. In einer Gegenüberstellung aus dem Jahre 1913 finden wir schon damals in Deutschland 4040 Elektrizitätswerke, die 3 730 000 KW abgaben, während das alte Österreich in 886 Werken nur 568 600 KW erzeugte, wovon allerdings ein erheblicher Teil auf Deutsch-Österreich fällt. Von den österreichischen Werken beruhten nur 40 Proz. oder 355 mit einer Leistung von rund 230 000 KW auf Wasserkräften. Von den süddeutschen Staaten, die mit uns am ehesten verwandte Verhältnisse haben, steht Baden an der Spitze, das bereits den dritten Teil aller Gemeinden mit Elektrizität versorgt hat und wo heute schon auf 1000 Einwohner 205 ausgebaute Pferdekräfte kommen, das ist rund fünfmal soviel als in Deutsch-Österreich.

Nicht besser wie mit der Versorgung der Bevölkerung mit Elektrizität steht es mit der Ausgestaltung der Bahnen mit elektrischem Betrieb. Im ganzen sind 14 kleine Nebenbahnen mit Gleichstrom versorgt, die zusammen 280 km lang sind. Der Wechselstrombetrieb umfaßt drei Strecken mit zusammen 175 km; von letzteren beruht die bisher ausgebaute Strecke von Innsbruck nach Schwaz ausschließlich auf einem Wasserwerk, während die 90 km lange Strecke von St. Pölten nach Maria Zell eine sehr große kalorische Reserve besitzt. Ziehen wir den Vergleich zwischen dem, was an Kraft ungenutzt vorhanden und dem, was an solcher ausgebaut ist, finden wir unser Land als das rückständigste in dieser Beziehung in ganz Europa, sind aber jetzt dabei in der harten Lage, gleichzeitig ärmer an anderen Betriebsmitteln zu sein als irgendein anderes Land. Besonders bedauerlich ist diese Rückständigkeit, weil wir in den österreichischen Ingenieuren über Kräfte verfügen, die bei allem, was ausgestaltet wurde, den höchsten Grad an Geschick und Tüchtigkeit bewiesen, so daß wir unter den verhältnismäßig wenigen ausgebauten Werken viele Musteranlagen besitzen. Nicht auf Mangel an Können, sondern auf den Fehlern der Verwaltung beruht unsere Rückständigkeit auf diesem Gebiete.

Walter Conrad nahm in seiner ausgezeichneten Arbeit über die kaufmännische Bedeutung der Alpenwasserkräfte an, daß für den Kopf industrieller und städtischer Bevölkerung 0,08 TurboPK, für landwirtschaftliche Bewohner 0,03 TurboPK zu errechnen sind. Von der Bevölkerung Deutsch-Österreichs kann man zu ersterer ungefähr 2,9 Millionen, zu letzterer 3,3 Millionen rechnen. Es ergibt das einen Bedarf für industrielle Bewohner von 232 000 PK, für landwirtschaftliche Bewohner von 99 000 PK, dazu der Bedarf der Eisenbahnen von 140 000 PK. Für diese Gruppen benötigen wir also 462 000 PK, und es bleiben uns in den schlimmsten Wintermonaten mindestens 550 000 PK, in normalen Zeiten, wenn wir nur die günstigeren Werke rechnen, über 1 000 000, bei vollkommenerem Ausbau 2 Millionen PK zur Verfügung, die industriellen Zwecken zugeführt werden können. Wie wir früher sahen, hat die heutige Industrie Deutsch-Österreichs einen Kraftbedarf von ungefähr 700 000 PK, den wir somit sicher decken können und über den hinaus uns noch eine gewaltige Kraftreserve bleibt. Die schwere Frage bleibt nun, wie das Hinüberführen der Industrie von Kessel und Dampfmaschine zu Turbine und Dynamo gemacht werden soll. Die bestehenden Anlagen sind mehr oder weniger amortisiert und haben nur mit der Höhe der Betriebskosten zu rechnen. Ein neues Elektrizitätswerk ist heute nur mit hohen Einheitskosten für die Pferdekraft zu erstellen. Der schwerwiegendste Faktor in der Betriebsrechnung ist die Amortisationsquote für die Anlage und die Steuer, während bei bestehenden kalorischen Kraftanlagen, die schon stark amortisiert sind, die größte Auslage im Heizmaterial liegt, das heute ein Vielfaches von den Preisen kostet, die bei Erbauung unserer Industrieunternehmen bestanden und außerdem noch lange Zeit und in ungenügender Menge zur Verfügung sein werden. Wollen wir ein Industriestaat bleiben, und das müssen wir, wenn die Bevölkerung nicht auswandern oder zugrunde gehen soll, müssen wir uns entschließen, rascheſtens zu beginnen, denn jeder Tag, an dem wir Kraft mit Kohle erzeugen, statt die an unseren Städten vorbeifließenden Gewässer auszunützen, ist ein Tag wahren Verlustes für unsere Volkswirtschaft. Wir dürfen jedoch nicht leichtsinnig irgendwo anpacken, sondern müssen da beginnen, wo ein möglichst großer und ununterbrochener Verbrauch knappest an der Erzeugungsstelle liegt und, wenn möglich, die ganze Erzeugung aufnehmen kann, so daß die äußerst erreichbare Ausnützung sofort erzielt wird. An diese ersten Werke, die als Eckpfeiler des ganzen Netzes gedacht sind, werden sich, sobald der Verbrauch die Erzeugung erreicht und überschreitet, weitere Werke anschließen müssen. Haben, wie früher vorgeschlagen wurde, alle diese Werke gleiche Spannung und Perioden, wird der Zusammenschluß von Gruppen sehr bald stattfinden. Ein Beispiel, wie natürlich eine derartige Entwicklung sich vollzieht, sind die Überlandzentralen des deutschen Nordböhmen, die alle einzeln vor allem in Gebieten sehr schlechter Braunkohlenlager entstanden, zunächst ihre nächste Umgebung, dann in immer wachsendem Maße die weitere mit Kraft versorgten. Nun beginnen die einzelnen Netze sich schon zu berühren und in Verbindung zu treten, und es wird nicht mehr zwei Jahre dauern, bis ein einheitliches Stromnetz das Land zwischen Eger und Trautenau überspannt.

Als derartige Eckpfeiler kämen im Westen in Betracht eine Gruppe am Arlberg, die, direkt an der für elektrischen Betrieb sehr geeigneten Bahnstrecke gelegen, diese versorgen müßte, und das Achensee-Inntalwerk für Nordtirol.

In Steiermark wäre das wichtigste und bezüglich Absatz gesichertste Werk das im Gesäuse, das ganz knapp an dem großen Bergbau des Erzberges liegt und dessen Erzeugung und Verarbeitung ein unendlich wichtiges Absatzgebiet mit fortwährend steigendem Bedarf an Kraft in unmittelbarer Nähe hätte.

Wien, das während des Krieges sein Elektrizitätswerk, das bisher ganz von einer Bahnstrecke und dem tschecho-slovakischen Staate abhängt, durch eine Überlandzentrale in dem Braunkohlengebiet von Zillingsdorf (70 km von Wien entfernt), wo es allerdings mit der Kohlengewinnung in den ungarischen Staat hineingerät, ergänzt hat, findet seine natürliche Kraftquelle in der Donau. Zunächst wäre wohl nicht die Stufe bei Wien, sondern die bei Wallsee auszubauen und die Werke an der Ybbs, an Kamp und Krems, vielleicht auch jene an der Thaya als ausgleichende Werke heranzuziehen. Im Süden könnte eine große Kraftgruppe durch Verbindung der Drau mit dem Wörthersee oder ein anderes Werk im Draugebiet der Angelpunkt für die Entwicklung werden. Jedes der fünf genannten Hauptwerke kann, wenn Bedarf eintritt, durch den Ausbau nahegelegener Gefällstufen ergänzt werden. Von größter Wichtigkeit wird sein, daß neben den großen Werken, die der Staat schaffen mag, tunlichst viele von Gemeinden, Genossenschaften oder Privaten errichtet werden, die als Hauptziele die Hebung der ortsansässigen Industrie und Landwirtschaft haben. Der Graswuchs unserer Berge kann durch Berieselung vervielfacht, die Viehzucht dadurch außerordentlich gehoben werden, Transporte von Produkten von den Almen, Betrieb landwirtschaftlicher Maschinen, der in Deutsch-Österreich noch auf tiefer Stufe steht, und vor allem Erzeugung künstlichen Düngers sind Aufgaben von höchster Wichtigkeit. Wir erzeugen heute knapp die Hälfte unseres Bedarfes an Mehlfrüchten, nur auf diesem Wege können wir die Erzeugung derselben heben. Wenn wir diese fernen, aber überaus wichtigen Ziele verfolgen, dürfen wir nicht annehmen, daß unmittelbar großer finanzieller Gewinn sich aus den zu erbauenden Werken ergibt. Wir müssen vielmehr darauf hinarbeiten, den elektrischen Strom so billig als möglich der Landwirtschaft zur Verfügung zu stellen und deshalb dürfen die Abgaben der Werke keinesfalls höher sein wie in anderen Ländern.

Das glänzendste Beispiel für eine sinngemäße Entwicklung und zielbewußte Ausgestaltung einer Überlandzentrale, der Vereinigung verschiedenster Kraftquellen und eines sparsamen Leitungsnetzes besitzen wir in der Stern & Hafferl A.-G. in Oberösterreich. Im Jahre 1898 wurde zum Betrieb der Gmundner Tramway eine Dampfzentrale für elektrische Kraft errichtet, erst im Jahre 1901 griff man auf die Kraft des Traunfalles und baute dieselbe mit 3600 PK aus. Schon im Jahre 1903 konnte der Bau eines zweiten Werkes am Tillesbach bei St. Wolfgang, wo ebenfalls eine Dampfanlage bestand, um den Schafberg und St. Wolfgang mit Licht zu versorgen, in Angriff genommen werden. Im Jahre 1907 waren beide Werke voll beschäftigt und es bestanden schon 70 km Leitungen. Der Bau zweier Werke am Offensee mit 4700 PK wurde in Angriff genommen und in rascher Folge wurden das Schwarzenseewerk (1400 PK), Gosau-Steeg (8000 PK) ausgebaut. 1913 folgte eine Stufe in der Gosau und das Stauwerk an den Seen und schließlich während des Krieges die Errichtung des Werkes in Groß-Arl mit 4000 PK. Diese Unternehmung umfaßt heute acht Werke, deren kleinstes 280, deren größtes 8000 PK erzeugt, die in eine gemeinsame Leitung arbeiten und über 1000 km Hochspannungs- und ein Mehrfaches an Schwachstromleitung mit Strom versorgen. Die Entfernung der äußersten Punkte des Netzes voneinander beträgt 100 km, die größte Entfernung einer Verbrauchsstelle vom nächsten Werk 80 km. Kleine und große Industrien, unzählige Bauerngehöfte, mehrere Straßenbahnen und ein knapp an der Kraftquelle bei Steeg liegendes Aluminiumwerk mit einem Kraftverbrauch von 4000 PK wurden mit Strom versorgt. Drei weitere Werke sind zurzeit noch im Bau. Die Entwicklung bis zu dieser Höhe nahm von den bescheidensten technischen und finanziellen Grundlagen ausgehend, nur 17 Jahre in Anspruch. Kraft und Wille weniger Männer schufen dieses Werk. Was hätte eine zielbewußte Staatsverwaltung in der gleichen Zeit erreichen können! Nun endlich hat der junge Staat Deutsch-Österreich erkannt, daß nur auf gleicher Linie der Entwicklung die Möglichkeiten seiner Erhaltung und Entfaltung liegen.

Durch die ungeheuerlichen Kosten der Lebensführung sind die Preise für jede Arbeit auf nie geahnte Höhe gestiegen, und auch der Ausbau unserer Wasserkräfte wird ein Vielfaches kosten wie früher. Dennoch wird man die Arbeit bewältigen, wenn man sie mit voller Kraft beginnt und nicht unter dem Gesichtswinkel baldiger großer Steuerleistung betrachtet. Man muß sich klar sein, daß ein Verzicht auf rasche finanzielle Erfolge für den Staat sich durch die Möglichkeit, die alten Industrien zu erhalten, neue zu schaffen, alles auf gesunde Basis zu setzen, vielfach lohnen wird. Der neue Staat will dieses Werk auf rein sozialer Grundlage schaffen; er wird damit nur Erfolg haben, wenn es ihm gelingt, das Verständnis dafür in die breitesten Schichten der Bevölkerung zu tragen, wenn er vermag, aller Willen auszurichten auf das eine Werk. Im Mittelalter wollte eine kleine französische Stadt eine der herrlichsten und größten Kathedralen bauen; so tief war der Gedanke in allen Bewohnern, daß vom Bürgermeister bis zum letzten Kärner jeder einen Teil seiner Kraft und Zeit dem Werk opferte. So stark müßte der gemeinsame Wille sein, dieses Ziel zu erzwingen. Kann die Regierung dem Volk nicht ein gleichgerichtetes starkes Streben für das, was sie erreichen will, einimpfen, wird sie sich doch entschließen müssen, diese große Aufgabe der Bewältigung der Wasserkräfte der Arbeitskraft und Führerschaft von einzelnen oder Gruppen mit einem Anteil am Ertrag zu überlassen. Nie war vor den Erfolg so sehr die Not und der Schweiß gesetzt, nie auch hing die Zukunft eines Volkes so sehr von diesem Erfolg ab. Jetzt gilt es, zu handeln und an Stelle von Theorie, Schrift und Rede Arbeit und Schaffen zu setzen.

Das Finanzsystem Deutsch-Österreichs.

Von

Dr. Paul Grünwald.

Die Art, in der die von den öffentlichen Wirtschaften zu befriedigenden Lebenszwecke von jenen abgegrenzt sind, denen die privaten Wirtschaften dienen, und die Verteilung der ersteren auf die unter- und nebeneinandergeordneten öffentlichen Körperschaften verschiedener Art und verschiedenen Ranges, sind — bei mannigfacher Übereinstimmung, wie sie die Ähnlichkeit wirtschaftlicher Entwicklung und gegenseitige Beeinflussung mit sich bringen — von Staatswesen zu Staatswesen in vielem verschieden. Ebenso weisen die der Befriedigung dieser Zwecke dienenden Einnahmsquellen und insbesondere die Methode, in der sich die öffentlichen Körperschaften in sie teilen, weitgehende Verschiedenheiten auf. Die Art der Abgrenzung der öffentlichen Ausgaben und Einnahmen von den privaten, die Gestaltung der ersteren und ihre Zuweisung an die verschiedenen Kategorien öffentlicher Körperschaften begreifen wir unter dem „Finanzsystem". Das Finanzsystem in diesem Sinne ist das Resultat jahrhundertelanger Entwicklung; es ist beeinflußt durch die Art und das Tempo der politischen, kulturellen und wirtschaftlichen Entwicklung des betreffenden Staatswesens.

Von einem deutsch-österreichischen Finanzsystem in diesem Sinne, als einem selbständigen, eigenartigen Entwicklungsprodukte kann begreiflicherweise heute noch nicht die Rede sein. Dazu ist sein Träger, der deutsch-österreichische Staat, zu jung. Im Wesen ist es noch das Finanzsystem des alten Österreichs, dessen sich der neue Staat bedienen muß, der weder die Zeit noch die Ruhe gefunden hat, daran Einschneidendes zu ändern.

Die Kürze der für diese Publikation zur Verfügung stehenden Zeit und die Enge des verfügbaren Raumes lassen es nicht zu, das österreichische Finanzsystem eingehend zu schildern; noch weniger ist es möglich, auf seine Entwicklungsgeschichte einzugehen, deren Kenntnis für seine Eigenart eigentlich unerläßlich wäre[1]. Wir müssen uns damit

[1] Die Entwicklung des österreichischen Abgabensystems bis zum Ende des Bestandes des alten Österreich haben wir in „Die Steuern Österreichs im Frieden und im Kriege" (54. Heft der finanz- und volkswirtschaftlichen Zeitfragen, herausgegeben von Schanz und Wolf), Stuttgart 1918, eingehender zu skizzieren versucht, einer Schrift, die zum Nekrologe des österreichischen Finanzsystems geworden ist.

begnügen, einige Schlaglichter auf jene Besonderheiten des österreichischen Finanzsystems zu werfen, die es von jenem des Deutschen Reiches unterschieden haben. Da der Staatsschuld und dem Staatsbudget, ferner den Verbrauchssteuern in diesem Sammelbande besondere Darstellungen aus berufensten Federn gewidmet werden sollen, können wir uns vorwiegend mit den prinzipiellen Eigentümlichkeiten befassen, die das österreichische Finanzsystem zum Unterschied von dem deutschen in der Verteilung der Ausgaben- und Einnahmenzweige auf den Staat und die Selbstverwaltungskörper und in den direkten Steuern entwickelt hat.

Ein außerordentlich wichtiger Unterschied im Aufbau beider Finanzsysteme ist der folgende: Im Reiche ist eine prinzipielle Scheidung zwischen Ausgaben des Reichs und der Einzelstaaten und dementsprechend eine grundsätzliche Scheidung zwischen Reichs- und Staatseinnahmen, namentlich zwischen Reichs- und Staatssteuern durchgeführt. Zwar sind auch die Reichssteuern im Wege der Überweisungen zeitweilig einzelstaatlichen Zwecken, umgekehrt die einzelstaatlichen Steuern im Wege der ungedeckten Matrikularbeiträge Reichszwecken nutzbar gemacht worden; allein als Richtlinie und Ziel konnte der Finanzpolitik der Grundsatz dienen, Reichsausgaben aus Reichssteuern, Staatsausgaben aus Staatssteuern zu decken. Anders in Österreich: Die Doppelmonarchie hatte zwar gemeinsame Ausgaben für Heerwesen und Marine, für äußere Vertretung und für die Verwaltung von Bosnien und der Herzegowina. Ihre Bedeckung fanden diese Ausgaben, abgesehen von geringen gemeinsamen Verwaltungseinnahmen — darunter dem Pulvermonopol — in den Zöllen, die aber mit ihren in den beiden Staaten eingehobenen Beträgen doch deren Budget durchliefen, und in den „Quoten", den Matrikularbeiträgen Österreichs und Ungarns. Das österreichische Staatsbudget umfaßte daher außer den sonstigen staatlichen Ausgaben auch die Beiträge für die Kosten der vorgenannten gemeinsamen (pragmatischen) Angelegenheiten; alle diese Ausgaben zusammen hatten ihre Bedeckung in den von den ungarischen getrennten österreichischen Steuern zu finden, die nur, soweit es sich um indirekte Verbrauchssteuern handelte, auf gleichen Grundlagen, wenn auch in letzter Zeit nicht mehr in gleicher Höhe wie die ungarischen aufgebaut waren. Die Lasten jener Zwecke, die sich im Deutschen Reiche auf Reichs- und Staatssteuern verteilen, hat also in Österreich ein einheitliches

Steuersystem getragen. Zu diesen staatlichen Zwecken gehörten — und gehören dementsprechend in Deutsch-Österreich — überdies bedeutende Beiträge in Form von Überweisungen an die obersten Selbstverwaltungskörper, die Länder; diese Überweisungen sind zum überwiegenden Teile gerade auf den indirekten Staatssteuern radiziert.

Die Finanzgeschichte Österreichs von der Mitte des 18. Jahrhunderts an, also seit dem Aufbau des modernen Staates in der Zeit des aufgeklärten Absolutismus, bildete eine Kette immer wiederkehrender finanzieller Schwierigkeiten und schwerer Krisen, hervorgerufen durch viele ungünstige Kriege und innere Verwicklungen. Nur ganz kurze Perioden halbwegs geordneter finanzieller Verhältnisse unterbrachen diese Kontinuität. Die Finanzpolitik war daher darauf angewiesen, dort zu nehmen, wo sie etwas und wo sie es sicher erfassen konnte. Vor allem die städtischen Steuern, die im wesentlichen deutsche Steuern waren, wurden auch auf anderen Gebieten (Immobiliarübertragungsabgaben, Oktrois), insbesondere aber auf dem Gebiete der direkten Steuern schon in der Zeit des reinen Ertragsteuersystems außerordentlich gesteigert. Die Gebäudesteuer vom städtischen Hausbesitz, die Besteuerung der Aktiengesellschaften in Form einer besonderen Erwerbsteuer und die Besoldungssteuer von höheren Dienstbezügen überragen in dem noch heute neben der Einkommensteuer aufrechterhaltenen staatlichen Ertragsteuersystem an Höhe dessen andere Glieder und ähnliche Steuern des Auslands wesentlich. Da die direkten Steuern in einem Staatswesen mit relativ geringer entwickeltem Wohlstande[1] und überwiegend agrarischer Bevölkerung trotz ihrer starken Anspannung begreiflicherweise nicht hinreichende Einnahmen boten, mußten auch die indirekten Verbrauchsabgaben, dann die Stempel- und Verkehrsabgaben (in Österreich „Stempel und Gebühren“ oder schlechtweg „Gebühren“ genannt) sehr stark ausgebildet werden und sie erfaßten vielfach weitere Kreise von Objekten und erreichten eine bedeutendere Höhe als im Deutschen Reiche[2].

[1] Im Jahre 1913 gab es auf 1 Million Einwohner Steuerträger mit Einkommen von über 120000 K in England 255,5, in Preußen 116,4, in Österreich 55,8 (Grünwald a. a. O., S. 89).

[2] Die steuerliche Kopfbelastung betrug im Deutschen Reiche im Jahre 1913: 71,12 M ohne und 75,83 M mit Wehrbeitragsquote (Gerloff, „Die steuerliche Belastung in Deutschland während der letzten Friedensjahre“, Berlin 1916), in Österreich 70,13 K (Grünwald a. a. O., S. 117); die letztere Belastung ist,

Bliebe Deutsch-Österreich selbständig, so würde es bei dem relativ geringen Wohlstande seiner Bevölkerung und der bereits vor dem Kriege gegebenen starken und im Kriege ungeheuer gewachsenen Anspannung seiner direkten Steuern eine Verteilung der Lasten auf die verschiedensten Steuern vornehmen müssen, aber auch verfassungsmäßig können. Beim Anschluß an das Deutsche Reich müßte es mit den einem Einzelstaat verbleibenden, wesentlich direkten Steuern auskommen; ohne hinreichende Ausgabenentlastung oder vorübergehende besondere Reichshilfe käme es in Gefahr, die direkten Steuern zu einer schwer erträglichen Höhe zu steigern, während eher die Notwendigkeit gegeben wäre, unsere Hauszinssteuer wenigstens für neue Bauführungen weiter als dies bisher bereits geschehen ist und unsere Aktienbesteuerung zu mildern; denn diese beiden Steuern, die eine Erbschaft der politischen Geschichte Österreichs bilden, haben sicher zur Hemmung der städtisch-industriellen Entwicklung gerade Deutsch-Österreichs beigetragen.

Eine weitere Eigentümlichkeit des österreichischen Finanzsystems bildet die Art der Abgrenzung der staatlichen Finanzen von jenen der Selbstverwaltungskörper — hier „autonome Körperschaften" genannt — und die Verflechtung beider. Nach der Verfassung Österreichs hatten die Länder, deren Stellung als gehobene Selbstverwaltungskörper man sehr richtig mit dem Ausdruck „Staatenfragmente" bezeichnet hat, eine eigene „Landesgesetzgebung" mit nicht immer klarer Abgrenzung ihrer Kompetenz gegenüber der Staatsgesetzgebung. Der Grundsatz „Staatsrecht bricht Landrecht" fand keine Geltung. Staats- und Landesgesetze waren gleichberechtigt, das spätere Staatsgesetz brach das frühere Landesgesetz und umgekehrt. Die Einheit der Gesetzgebung hatte die Staatsregierung zu wahren, die Staats- sowohl als Landesgesetze der Krone zur Sanktion vorlegte. Was in der Verfassung fast vollständig fehlte, war eine Abgrenzung der Ausgaben- und der Steuerkompetenzen. Die Gesetzgebung über die Ausgaben für die mit Ungarn gemeinsamen Angelegenheiten, ferner über die Zölle, die Staatsmonopole (Salz, Tabak, Lotto, Lotterie und Post), schließlich über die mit der Produktion zusammenhängenden indirekten Verbrauchsausgaben waren der Staatsgesetzgebung und damit dem Staate vorbehalten. Im übrigen hätte

wenn man von der in der Praxis bewährten Annahme eines etwa fünffach höheren Volkseinkommens in Deutschland ausgeht, die bedeutend höhere. Sie war auf Deutsch-Österreich bezogen zweifellos noch höher.

die Verfassung an sich kein Hindernis dagegen gebildet, daß die Länder für alle übrigen Zwecke Ausgaben hätten leisten können; bezüglich der Steuern gaben die Landesordnungen den Landtagen das Recht, Zuschläge bis zu 10 Proz. zu allen direkten Steuern aus eigener Machtvollkommenheit auszuschreiben; im übrigen waren die Landtage verfassungsmäßig befugt, höhere Zuschläge und Steuern aller anderer Art mit Genehmigung der Krone oder durch Landesgesetz einzuführen. Die Verfassung selbst stand also der Entwicklung des buntesten Steuer- und Ausgabenparallelismus nicht entgegen.

Nicht viel anders lag es mit den unteren Selbstverwaltungskörpern, den Bezirken und Gemeinden. Ihre Organisationsgesetze die keinen Teil der Verfassung bildeten, sondern einfache Landesgesetze waren, gestatteten ihnen alle Ausgaben zu beschließen, die sie im Interesse ihrer Angehörigen aus eigenen Kräften zu leisten vermögen, und gaben ihnen zu deren Bestreitung das Recht der Ausschreibung von Zuschlägen zu den direkten Steuern und zu gewissen an den örtlichen Verbrauch anschließenden Staatssteuern bis zu einer bestimmten Höhe; darüber hinaus bedurfte es der Genehmigung staatlicher Organe, bei besonderer Höhe eines Landesgesetzes, das auch zur Einführung anders gearteter Abgaben erforderlich war.

Die einheitliche Spitze der Gesetzgebung in der Staatsregierung hatte unsystematische Sonderentfaltungen auf dem Gebiete des Steuerwesens in einzelnen Gebieten auf Kosten der Allgemeinheit verhindert. Die neue Verfassung Deutsch-Österreichs hingegen, die den Grundsatz „Staatsrecht bricht Landrecht" auch nicht kennt, der Staatsregierung aber gegen Landesgesetze, die nicht verfassungswidrig sind, nur ein kurzfristiges suspensives Veto verleiht, birgt unzweifelhaft Gefahren für die im Interesse des Ganzen notwendige Einheitlichkeit der Finanz- und insbesondere der Steuerpolitik.

Die faktische Gliederung des Finanzsystems haben nicht die Verfassungs- oder die Organisationsgesetze geschaffen, sondern die spätere Gesetzgebung und die tatsächliche Entwicklung. Die innere Hoheitsverwaltung und die Justizpflege sind rein staatlich, ebenso fast zur Gänze die Steuerverwaltung, die auch die meisten Abgaben für die autonomen Körperschaften bemißt und einhebt[1]. Gewisse große

[1] Die Sozialversicherung, in der die Alters- und Invaliditätsversicherung der Arbeiter noch fehlt, belastet fast ausschließlich die Angehörigen der Versicherungsverbände selbst.

Gruppen von Ausgaben sind in den 60er und 70er Jahren, in denen die Bedrängnis des Staatshaushaltes besonders arg war, den Ländern, Bezirken und Gemeinden überwiesen worden, wobei der Landesgesetzgebung freier Spielraum in der Aufteilung der Lasten auf die verschiedenen Körperschaften überlassen blieb: so der gesamte Volksschulaufwand, der bis zum Kriegsbeginn den Staatshaushalt direkt überhaupt nicht belastete, dagegen den wichtigsten Aufwandszweig der Länder bildete, das Armen-, Kranken-, Irren-, Findlings- und Wöchnerinnenpflegewesen; für das Straßenwesen zweiter und dritter Ordnung, für Wildbachverbauungen, landwirtschaftliche Meliorationen und landwirtschaftliches und gewerbliches Unterrichtswesen u. a. m. hat eine in den verschiedenen Ländern verschiedene, aber doch von einem einheitlichen Grundgedanken getragene Landesgesetzgebung die Kosten auf die autonome Verwaltung übernommen. In anderen Verwaltungszweigen herrscht bunte Mannigfaltigkeit: Die Hochschulen werden überwiegend vom Staate, die Mittelschulen teils vom Staate, teils vom Lande, teils von Gemeinden unterhalten. Aber auch in den schärfer abgegrenzten Zweigen besteht eine reiche Mannigfaltigkeit gegenseitiger Beitragsleistungen und Subventionen der verschiedensten Art, die vielfach durch Einräumung eines Mitbestimmungsrechtes bedingt sind. Die Hauptlast der Selbstverwaltung wird von den höheren autonomen Körperschaften, den Ländern und Bezirken, unter den Gemeinden nur von den größeren Städten getragen, weil sich ein großer Teil der Landgemeinden, unter denen sich zahlreiche Zwerggemeinden befinden, als Träger einer wirklichen Selbstverwaltung ganz unzulänglich und zu finanzschwach erweisen mußte.

Durch den Krieg hat sich das Verhältnis zwischen der Ausgabenbelastung in zweifacher Hinsicht verschoben: Einmal ist die Ausgabenlast des Staates im Verhältnis zu jener der autonomen Körperschaften ganz außerordentlich gestiegen, weil der Staat nicht nur die eigentlichen militärischen Kriegslasten, sondern — und zwar aus den später erörterten Gründen — in stärkerem Maße auch die mittelbaren Kriegslasten übernehmen mußte als das Deutsche Reich und seine Einzelstaaten. Nach dem Zusammenbruch ist in Deutsch-Österreich noch die Arbeitslosenfürsorge dazugekommen. Weiter hat sich auch das Verhältnis zwischen Ländern und Gemeinden einigermaßen verschoben. Die Länder sind vom Krieg im wesentlichen durch die Steigerung der Bezüge der Angestellten und die Verteuerung der Verwaltungskosten betroffen worden; der

Staat ist aber auf dem Gebiete des Volksschulwesens, der Hauptlast der Länder, durch eine Beteiligung an den Teuerungszulagen der Lehrer helfend eingesprungen; überdies hat der Staat die Landesbierauflagen durch Überweisungen abgelöst, die den Ländern den Friedensertrag wahrten und den ganzen Ertrag der erhöhten staatlichen Biersteuer überstiegen. Die Gemeinden, speziell die städtischen Gemeinden, hatten dagegen überdies noch erhebliche Aufwendungen einmal für die Einquartierung des Militärs, dann für die Besorgung des ihnen staatlich übertragenen Wirkungskreises und namentlich im Ernährungsdienste zu leisten, litten überdies infolge ihrer stärkeren Anteilnahme an den indirekten Verbrauchsabgaben, insbesondere an Bier-, Branntwein- und Fleischabgaben stärker als die Länder unter dem Rückgange dieser Einnahmsquellen.

Im ganzen ist das Ausgabenwesen schon im Frieden stark beim Staate zentralisiert gewesen und die Tendenz ging steigend in dieser Richtung. Diese Entwicklung kontrastiert scheinbar mit der starken Neigung zur Autonomie, speziell der Länder, die für das politische Leben Österreichs so bestimmend gewesen ist und auch in Deutsch-Österreich eine ganz gewaltige Rolle spielt. Sie hatte, wie sich gerade in ihrem Fortleben in Deutsch-Österreich zeigt, durchaus nicht nur nationale Ursachen; sie ist, speziell in den Alpenländern, durch historische Überlieferungen und in dem den Gebirgsbewohnern eigentümlichen Kantonssinn begründet, der durch politische und wirtschaftliche Gegensätze in der Zeit nach dem Zusammenbruch noch verstärkt worden ist. Wenn sich trotzdem ein verhältnismäßig starker Ausgabenzentralismus entwickelt hat, dem ein noch stärkerer Einnahmenzentralismus gegenübersteht, so hat dies seinen Grund gerade wieder in den ganz außerordentlichen Verschiedenheiten der wirtschaftlichen und kulturellen Entwicklung gehabt, die das alte Österreich aufwies. Abgesehen davon, daß zahlreiche Einnahmsquellen nach ihrer technischen Natur überall der Zentralisierung zustreben (Zölle, Produktionssteuern, Stempelsteuern, Verkehrsunternehmungen), mußte Österreich schon seit den 50er Jahren des vorigen Jahrhunderts seine Steuern der verschiedensten Art außerordentlich stark anspannen; die Notwendigkeit, hohe Steuern zu erheben, wirkt aber seit jeher in der Richtung ihrer Zentralisierung, weil diese allein ihre weitestgehende, gleichmäßige Ausschöpfung im ganzen Staatsgebiete ermöglicht. Umso krasser hätten sich bei den außerordentlichen Verschiedenheiten in den wirtschaftlichen Verhältnissen der einzelnen Staatsteile die lokalen Unterschiede in der Höhe der den autonomen Körperschaften belassenen Steuern gestalten müssen, wenn nicht in steigendem Maße Ausgaben zentralisiert und auf diese Weise ein Ausgleich zwischen ärmeren und reicheren Gegenden geschaffen worden wäre, der dann seinerseits den Anlaß zu weiteren Zentralisierungen des Einnahmenwesens bildete[1]. Auch im Kriege mußte der Staat aus diesen Gründen Ausgaben, die in Deutschland zum Teile von den Gemeinden getragen worden sind, so die Familienunterstützungen zur Gänze übernehmen. Seit den 90er Jahren des vorigen Jahrhunderts sind Überweisungen, Beteiligungen der Länder an staatlichen Steuern, zunächst an dem Ertrage der Einkommensteuer, dann der Branntweinsteuer, im Kriege schließlich der Bier- und Erbsteuer hinzugekommen, immer im Zusammenhange mit einer fortschreitenden Zentralisierung dieser Einnahmsquellen beim Staate[2]. Eine solche Einnahmenzentralisierung steht übrigens in keinem Widerspruch mit weitgehender Selbstverwaltung, ist doch die englische Selbstverwaltung geradezu auf dem Prinzipe eines weitestgehenden staatlichen Steuerzentralismus mit Überweisungen und Subventionen an die Selbstverwaltungskörper aufgebaut.

Beim Anschluß würde eine Reihe von Steuerquellen an das Reich für Reichszwecke übergehen, die im derzeitigen deutsch-österreichischen Finanzsystem nicht nur staatlichen, sondern auch indirekt Zwecken der autonomen Körperschaften dienstbar gemacht sind und es würde die entsprechende Versorgung dieser Körperschaften mit anderen Einnahmsquellen erfolgen müssen.

Ein flüchtiger Überblick über die Verteilung der Einnahmsquellen zwischen Staat und autonomer Verwaltung und über die Bedeutung der einzelnen Kategorien von Einnahmsquellen zeigt für Deutsch-Österreich folgendes Bild:

---

[1] Der Anstoß hierzu ging gerade von den aus nationalen Gründen besonders autonomistischen slavischen Ländern, insbesondere den Karpathen- und Karstländern aus und führte zu einer steigenden Inanspruchnahme der städtischen und damit vor allem der deutschen Bevölkerung für Zwecke des alten Österreichs und bei der ungünstigen Gestaltung der österreichischen „Quote" für Zwecke der ganzen Monarchie. Verschärft wurde diese Mehrbelastung noch durch die wesentlich bessere Steuerverwaltung der deutschen Gegenden.

[2] Während nach Gerloff (a. a. O. S. 27) im Jahre 1913 in Deutschland das Reich und die Staaten an dem gesamten Steueraufkommen mit 63,79 Proz. beteiligt waren, betrug der Anteil des Staates in Österreich in diesem Jahre 73,8 Proz. (Grünwald a. a. O. S. 215).

Die Einnahmsquellen kann man in drei große Gruppen zerlegen: In die Einnahmen aus Betrieben, in jene aus echten Gebühren und Beiträgen samt gelegentlichen Verwaltungseinnahmen und in Einnahmen aus Steuern. Die zweite Gruppe spielt eine verhältnismäßig geringe Rolle, zumal wichtige echte Gebühren, wie insbesondere die Gerichtsgebühren, im österreichischen Staatshaushalte nicht in dieser Gruppe, sondern als ein Teil des zum öffentlichen Abgabenwesen gehörigen Komplexes der „Stempel, Taxen und Gebühren" erscheinen. Dem Staate ist das Post-, Telegraphen- und Telephonwesen und die Postsparkasse vorbehalten, die großen Hauptbahnen sind, soweit sie nicht noch Privatbahnen sind, Staatsbahnen, neben denen nicht nur staatliche, sondern namentlich in Niederösterreich und Steiermark Landes-Lokalbahnen bestehen; die Kleinbahnen sind in Wien städtisch, in den anderen Städten zum Teile noch in privatem Betrieb. Daneben ist noch ein wenig bedeutender Besitz an staatlichen Domänen, der allerdings durch die Einziehung der Krongüter eine gewisse Vermehrung erfahren hat, und an staatlichen Montanwerken hervorzuheben. Daß die Erwerbsunternehmungen, speziell die Verkehrsanstalten des Staates trotz der Tariferhöhungen, die bei den Bahnen weit über jene im Deutschen Reiche hinausgehen, im Kriege und mehr noch seit dem Zusammenbruch mit Verlust arbeiten, ist selbstverständlich. Schon im Frieden haben sie keine wesentlichen Überschüsse geliefert. Die Staatsbahnen haben im alten Österreich auch in Friedenszeiten niemals auch nur eine entsprechende Verzinsung ihres Anlagekapitals zu bringen vermocht. Dies hängt mit der Gebirgsstruktur speziell der deutschen Alpenländer sowie damit zusammen, daß in Gegenden geringen Verkehrs zahlreiche Bahnen aus strategischen Rücksichten errichtet und erhalten werden mußten. Im ganzen kann man sagen, daß Deutsch-Österreich ebenso wie das alte Österreich, da es weder in den Staatsbahnen wie Preußen, noch in den Domänen wie manche kleinere deutsche Einzelstaaten eine Stütze seines Budgets hat, mehr als die deutschen Gliedstaaten „Steuerstaat" ist. Ähnliches gilt von den Haushalten der Länder: Die Landesbahnen sind nicht rentabel; Bank- und Versicherungsinstitute, die die Länder führen, werden als gemeinnützige Anstalten betrieben; getragen werden die Budgets von den Abgaben und den Anteilen an staatlichen Steuern in Form von Überweisungen. In den Gemeinden spielt auf dem flachen Lande zum Teil der Grundbesitz eine erhebliche Rolle, allein die Verhältnisse sind durchaus verschieden. In Wien hat seit dem

Bürgermeister Dr. Lueger eine starke Kommunalisierungstendenz eingegriffen, die zur Verstadtlichung der Gas- und Elektrizitätswerke, der Straßenbahnen, des Bestattungswesens u. dgl. geführt hat; die Wasserleitung ist vom Anfange an städtisch gewesen. Diese Betriebe waren wichtige Stützen des Budgets der Gemeinde, sie haben diese Qualität wie anderwärts unter den Einwirkungen des Krieges infolge der ungeheuer gesteigerten Betriebskosten verloren. In anderen größeren Städten Deutsch-Österreichs ist auf dem Gebiete der Kommunalisierung solcher Betriebe noch viel zu tun übrig.

Das staatliche Steuersystem gliedert sich in die historisch überkommenen Gruppen der „direkten Steuern", der „Stempel, Taxen und Gebühren", zu denen im Kriege noch als besondere Untergruppe die „Eisenbahnverkehrssteuern" hinzugekommen sind, der „Verbrauchssteuern" (bis vor kurzem „Verzehrungssteuern" genannt), der „Monopole" und der „Zölle".

Das Eigentümliche der direkten Steuern Österreichs liegt vor allem in der Entwicklung des Ertragsteuersystems. Dieses hat bis zum Jahre 1896 allein geherrscht. Seitdem besteht daneben eine progressive Einkommensteuer deutschen Musters, die von allem Anfange an bis an 5 Proz. progressiv wuchs, jedoch nur die physischen Personen umfaßt. Unmittelbar vor dem Kriege trat eine Erhöhung ein; in den obersten Stufen stieg die Steuer bis an 6,7 Proz.; ein Aufschlag für minderbelastete Haushalte (für aus einer Person bestehende von 15 Proz., für aus zwei Personen bestehende von 10 Proz.) kam hinzu. Die autonomen Körperschaften dürfen zu dieser Steuer keine Zuschläge erheben; damit wollte man einer Überlastung der Steuer und dem Steuerbetrug, der sich in der Zeit des reinen Ertragsteuersystems eingelebt hatte, begegnen, wahrte damit aber überhaupt eine einheitliche Steuerreserve. Eine Eigentümlichkeit bildet es, daß die Einkommensteuer, soweit sie auf Diensteinkommen entfällt, beim Dienstgeber abgezogen wird.

Die Besteuerung der Aktiengesellschaften geschieht im Rahmen des als vollständig aufrechterhaltenen Ertragsteuersystems; dieses wurde anläßlich der Einführung der Einkommensteuer nur gemildert. Letztere hätte lange nicht hingereicht, um zusammen mit einer Ergänzungssteuer preußischen Musters die Ertragsteuern, die überentwickelt waren, zu ersetzen. In diesem reformierten Ertragsteuersystem sind einzelne Glieder sehr kräftig geblieben, andere rudimentär geworden.

Die Erwerbsteuer gliedert sich in zwei selbständige Zweige, die „allgemeine" und die „besondere Erwerbsteuer". Die erstere belastet im wesentlichen die gewerblichen und industriellen Betriebe von Einzelpersonen, offenen Handels- und Kommanditgesellschaften; aber auch die liberalen Berufe. Sie ist eine Kontingentsteuer; die im Gesetze fixierte Erwerbsteuerhauptsumme, die von einer zur anderen zweijährigen Veranlagungsperiode um 2,4 Proz. zu wachsen hat, wird auf die Steuergesellschaften aufgeteilt, die Unterverteilung erfolgt nach der aus äußeren Merkmalen erschlossenen Ertragsfähigkeit. Die Steuerverteilung ist also eine ziemlich beiläufige. Die durchschnittliche Ertragsbelastung vor dem Krieg konnte man für Österreich mit etwa 1¼ Proz. annehmen. Die besondere Erwerbsteuer dagegen, die die volle und effektive Belastung der zur öffentlichen Rechnungslegung verpflichteten Unternehmungen aus der Zeit vor der Personalsteuerreform von 1896 im wesentlichen und für die Aktiengesellschaften voll aufrechterhalten hat, trifft diese mit 10 Proz. des bilanzmäßigen Reinertrages; der letztere erfährt für die Steuerbemessung Korrekturen, insbesondere dürfen die Zinsen des in gewissen Formen (Teilschuldverschreibungen, Hypothekarkredite) aufgebrachten Anlagekapitals nicht abgezogen werden.

Ein ziemlich rudimentäres Gebilde ist die Rentensteuer; sie wird in gewissen Fällen beim Schuldner eingehoben, insbesondere ist dies der Fall bei den öffentlichen Anleihen, soweit sie nicht wie die Staatsanleihen rentensteuerfrei sind, dann bei den Zinsen der von Aktiengesellschaften emittierten Wertpapiere und bei den Spareinlagen. Die beim Gläubiger auf Grund von Bekenntnissen bemessene Rentensteuer funktioniert im Gegensatz zum erstgenannten Zweige recht mangelhaft und trifft vor allem Hypothekarzinsen. Der Steuerfuß war ziemlich buntscheckig; er variierte zwischen ½ Proz. und 3 Proz. (in gewissen Fällen 10 Proz.), je nach der Art des Bezuges, aber auch des Schuldners (Begünstigung von Sparkassen); die Berücksichtigung der Schuldner erklärt sich daraus, daß in der Praxis die Rentensteuer im Abzugswege überwiegend vom Schuldner übernommen worden ist. Dividenden inländischer Aktiengesellschaften unterliegen dieser Steuer nicht; die besondere Erwerbsteuer ersetzt die deutsche Einkommensteuer von Gesellschaften und die Kapitalrentensteuer des Aktionärs, wozu sie bei ihrem hohen Steuersatz hinlänglich berufen ist.

Die Besoldungssteuer von höheren Dienstbezügen beginnt bei solchen über 6400 Kronen mit 0,4 Proz. und erreicht bereits bei 30 000 Kronen den Höchstsatz von 6 Proz. Sie hat viele Anfechtungen erfahren, denn sie belastet ein schon durch die Einkommensteuer getroffenes reines Arbeitseinkommen noch einmal. Es erklärt sich dies eben daraus, daß die Ertragsteuern nicht etwa aus der Funktion einer Vorbelastung des fundierten Einkommens erwachsen sind, vielmehr neben ein umfassendes und nur gemildertes Ertragsteuersystem eine alle Einkommensarten umfassende Einkommensteuer getreten ist.

Jene Gruppen der Ertragsteuern, die man in der österreichischen Terminologie im Gegensatz zur Einkommensteuer und den bisher besprochenen Ertragsteuern, die die Personalsteuern bilden, als Realsteuern zusammenfaßt, besteht aus der Grundsteuer und aus der Gebäudesteuer. Erstere beruht noch heute auf dem Parzellarreinertragskataster, die Einschätzung geht trotz periodischer Revisionen im wesentlichen auf das Jahr 1824 zurück. Der Steuerfuß von 26⅔ Proz., der durch die Personalsteuerreform für die Staatssteuer auf 22,7 Proz. herabgesetzt wurde, ist daher keineswegs effektiv, und wenn man ihn vor dem Kriege durchschnittlich mit ⅓ des nominellen annahm, war dies wohl hoch gegriffen. Demgegenüber war der Steuerfuß der städtischen Gebäudesteuer, der Hauszinssteuer, ein effektiver: er betrug — von gewissen Begünstigungen insbesondere für Tirol abgesehen — bis zur Personalsteuerreform in Wien, in den Landeshauptstädten und gewissen größeren Städten und Kurorten 26⅔ Proz. des um das 15 proz. Erhaltungspauschale gekürzten Mietzinses, sonst 20 Proz. bei einem Erhaltungspauschale von 30 Proz., und wurde gelegentlich der Einführung der Einkommensteuer um ⅛ gekürzt; 12jährige Steuerbefreiungen für Bauführungen milderten die Schärfe des Steuersatzes. Die Steuer wird in allen Orten erhoben, in denen mehr als die Hälfte der Gebäude und Wohnbestandteile vermietet ist; anderwärts wird sie nur von Mietobjekten erhoben, während die nichtvermieteten Wohngebäude in den ländlichen Orten einer nach der Zahl der Wohnbestandteile des Hauses abgestuften Hausklassensteuer unterliegen. Langjährige Reformbestrebungen begegneten bei der großen finanziellen Bedeutung der Hauszinssteuer finanziellen Bedenken, sowie dem Einwande, daß ihre Ermäßigung kapitalisiert dem augenblicklichen Besitzer zugute käme; im Jahre 1911 hat man den Ausweg gefunden, bedeutende Ermäßigungen des Steuerfußes auf Bauführungen zu beschränken, die alten Häuser also davon auszunehmen.

Im Jahre 1914, kurz vor dem Kriege, ist dem direkten Steuersystem noch eine 10 proz. Tantiemenabgabe eingefügt worden, die im Abzugswege bei den Gesellschaften eingehoben wird.

Die finanzielle Bedeutung der Ertragsteuern in Österreich erhellt daraus, daß sie im Jahre 1913 noch mehr als $^3/_4$ des Ertrages der direkten Steuern ausmachten; wenn man zum Vergleich mit dem preußischen Steuersystem die besondere Erwerbsteuer und die Einkommensteuer den übrigen Ertragsteuern gegenüberstellt, überstieg der Ertrag der letzteren noch immer jenen der ersteren. Die elastischen Glieder des Steuersystems, auf die das seit der Personalsteuerreform starke Ansteigen des Ertrages der direkten Steuern zurückzuführen ist, bildeten die rein oder überwiegend städtischen Steuern, die Einkommensteuer, besondere Erwerbsteuer und Hauszinssteuer, während die Grund- und Hausklassensteuer keine Mehrerträge lieferten, die erstere infolge weitgehender Begünstigungen bei Elementarschäden speziell in den Sudeten- und Karpathenländern sogar zurückging; Rentensteuer und Besoldungssteuer stiegen relativ, waren aber an sich finanziell bedeutungslos. Zu den unelastischen Gliedern des Systems gehört auch die allgemeine Erwerbsteuer, denn das Wachstum der Erwerbsteuerhauptsumme von 2,4 Proz. in zwei Jahren stand bisher weder mit der Zunahme an Zahl noch an Ertragsfähigkeit der Betriebe im Einklang.

Was dem österreichischen Steuersystem vollständig fehlt, ist eine Vermögenssteuer, eine Ergänzungssteuer nach preußischem Muster[1]. Eine Gründung des staatlichen Steuersystems auf rein subjektive Steuern, eine Einkommen- und eine Ergänzungssteuer, wie in Preußen, erwies sich schon in den süddeutschen Staaten als unmöglich und wäre in Österreich bei der Höhe der Ertragsteuern, aber auch in Anbetracht der primitiven Wirtschaftsverhältnisse in weiten Teilen des Staatsgebietes — man denke nur an die Karst- und Karpathenländer — gänzlich verfehlt gewesen. Auch dem Zustande der Verwaltung hätte eine solche Konstruktion nicht entsprochen. Eine Hinzufügung der ergänzenden Vermögenssteuer zur Einkommen- und zu den Ertragsteuern hätte vor dem Kriege weitergehende, auf das Gemeindefinanzwesen übergreifende Reformen erfordert, die im Schoße der Finanzverwaltung auch vorbereitet waren, deren Ausführung aber die politischen

[1] Es mangelt daher auch an Daten über steuerbares Vermögen, die mit jenen Deutschlands verglichen werden könnten. Die in den zu Deutschösterreich jetzt gehörigen Gebieten früher vorgeschriebene Einkommensteuer eignet sich gleichfalls nicht zum Vergleiche, weil sie — bei der Zuschlagsfreiheit und daher dem Mangel einer Ausscheidung nach Ertragsquellen — die außerhalb Deutsch-Österreichs gelegenen Ertragsquellen mit umfaßt.

Verhältnisse nicht gestatteten. Die Einführung einer Vermögenssteuer im Kriege, wie sie in Bayern und Württemberg stattgefunden hat, wäre möglich, freilich hier schwieriger gewesen, da Veranlagungsgrundlagen, wie sie in Süddeutschland der Wehrbeitrag bot, fehlten. Es ist dies ein Umstand, der die Durchführung der einmaligen Vermögensabgabe in Deutsch-Österreich erschwert.

Die Kriegsmaßnahmen umfaßten in Österreich die Einführung einer Kriegs-(Gewinn-)Steuer vom Mehreinkommen der physischen Personen und den Mehrerträgen der Gesellschaften, dann von Kriegszuschlägen zur Einkommensteuer und zu gewissen Ertragsteuern, schließlich die Verbesserung des Verfahrens und des Strafschutzes der direkten Steuern. Seit dem Zusammenbruch hat dann Deutsch-Österreich die Kriegszuschläge noch wesentlich verschärft, die Grund- und allgemeine Erwerbsteuer erhöht und die Rentensteuer erweitert, endlich erst jüngst eine vorübergehende „Brotauflage" geschaffen.

Für Österreich war die Wahl zwischen Vermögenszuwachs- oder Mehreinkommensteuer für Einzelpersonen infolge des Mangels von Vermögenssteuergrundlagen eigentlich nicht schwer. Die Mehreinkommensteuer, die den Vorzug hat, auch verbrauchte Mehreinkommensteile zu erfassen, dagegen freilich kapitalisierte Teile des normalen Einkommens nicht trifft, war als die technisch mögliche Form natürlich gegeben. Wie die Mehreinkommensteuer an die Einkommensteuer, konnte sich die Mehrertragsteuer im wesentlichen an die besondere Erwerbsteuer anschließen[1].

---

[1] Die Mehreinkommensteuer beträgt für die Mehreinkommen der Jahre 1914 und 1915 5 bis nahe an 45 Proz., für die Jahre 1917 und 1918 ist sie wesentlich schärfer, steigt bis an 60 Proz., und diese Grenze wird weit früher, schon bei einem 500 000 K übersteigenden Mehreinkommen erreicht. Die Gesellschaftssteuer ist für inländische Gesellschaften eine Rentabilitätszuwachssteuer ohne einen Zuschlag nach der Gesamtrentabilität wie nach deutschem Muster, zumal diese Gesamtrentabilität bereits durch den Kriegszuschlag zur besonderen Erwerbsteuer erfaßt ist, für ausländische Gesellschaften ist sie nach dem absoluten Mehrertrag abgestuft; im übrigen ist die Anlage der Steuer der deutschen ähnlich, für die ersten drei Kriegsgeschäftsjahre variiert sie zwischen 10 und 35 Proz., bei ausländischen Gesellschaften zwischen 20 und 40. Für die Jahre 1916, 1917 und 1918 ist eine wesentliche Erhöhung und eine Änderung des Systems eingetreten: Die Steuer ist demnach progressiv nach der absoluten Höhe des Mehrertrages, die Sätze machen $^2/_3$ jener für die Einzelpersonen, im Höchstsatze also 40 Proz. aus;

Die Kriegszuschläge, die mit dem Jahre 1916 in Wirksamkeit traten, wurden, wie erwähnt, nach dem Zusammenbruch für Deutsch-Österreich, und zwar rückwirkend ab 1918, weiter erhöht. Sie treffen die Gebäudesteuer und die Besoldungssteuer nicht. Zugleich mit der Erhöhung der Kriegszuschläge wurde die Rentensteuer weiter ausgestaltet, die Grundsteuer und die allgemeine Erwerbsteuer, deren Starrheit mit dem wachsenden Geldertrag nicht weiter vereinbar schien, erhöht. Außerordentlich scharf ist die Steigerung bei der Einkommensteuer; sie war infolge der Zentralisierung der Einkommensteuer beim Staat, der Zuschlagsfreiheit der Einkommensteuer möglich. Nach der letzten Erhöhung steigt die Einkommensteuerbelastung bis an 33,5 Proz bei alleinstehenden Personen, bis 38,5 Proz. bei Haushalten von mindestens drei Personen[1], die besondere Erwerbsteuer je nach der Rentabilität bis zu 20 Proz. Die durchschnittliche Belastung mit der allgemeinen Erwerbsteuer kann man mit etwa 3½ bis 4 Proz. annehmen, die Rentensteuer zeigt Belastungen je nach der Art des Bezuges von 1 bis 10 Proz., der allerdings nur nominelle Steuerfuß der Grundsteuer ist auf 45 Proz. gewachsen.

Die Brotauflage für das Jahr 1919 soll einen Ausgleich für die erforderliche allgemeine Erhöhung der Preise für das staatlich bewirtschaftete Mehl und Brot bieten. Einmal trifft sie mit gewissen Ausnahmen und Begünstigungen die Grundsteuerträger als „Selbstversorger“ mit 80 Proz. des Katastralreinertrages, dann die Empfänger von Einkommen über 10 000 Kronen mit einem nach der Höhe des Einkommens bis 3 Proz., ferner mit nach der Zahl der Dienstboten abgestuften Sätzen, sozusagen als Ersatz einer Brotpreisstaffelung nach dem Einkommen.

Die Kriegssteuer und die Kriegszuschläge sind dem Staat allein vorbehalten, bilden daher keine Grundlage für Zuschläge der autonomen Körperschaften. Bedenkt man aber, daß zu den Ertragsteuern, berechnet

---

dazu tritt erst der Rentabilitätszuschlag der bei einem Rentabilitätszuwachs von über 20 Proz. 60 Proz. der Steuer erreicht, wobei jedoch Steuer samt Rentabilitätszuschlag 60 Proz. des Mehrertrages nicht übersteigen dürfen.

[1] Vergleich der Sätze der preußischen und der deutsch-österreichischen Einkommensteuer.

Zugrunde gelegt ist für Preußen die Einkommensteuer unter Berücksichtigung der Kriegszuschläge nach dem Gesetz vom 8. Juli 1916 und mit durchschnittlich 200% Kommunalzuschlägen, für Deutsch-Österreich die Einkommensteuer unter Berücksichtigung der Kriegszuschläge nach dem Gesetz vom 6. Februar 1919. Die

vom Friedensnormalsatz, sehr bedeutende Zuschläge der autonomen Körperschaften hinzutreten, so kann man wohl sagen, daß die fortlaufenden direkten Steuern Deutsch-Österreichs eine Höhe erreicht haben, die eine ergiebige Steigerung kaum mehr verträgt.

Das eigenartigste Gebilde im österreichischen Steuersystem bilden die „Stempel, Rechtsgebühren und Taxen", zu denen als weitere Untergruppe im Weltkrieg die Eisenbahnverkehrssteuern hinzugetreten sind. Man faßt diesen ganzen Abgabenkomplex in der österreichischen Ausdrucksweise unter dem Namen „Gebühren" zusammen. Er ist aus verschiedenartigen geschichtlichen Wurzeln, der alten theresianischen Erbsteuer, einer Stempelabgabe vom rechtlich bedeutsamen Schriftverkehr, den alten „Sporteln" und der domanialen Handveränderungsabgabe von untertänigen Grundstücken erwachsen und durch das noch immer geltende „provisorische" Gebührengesetz von 1850

Berechnung ist nach Friedensrelation (1 K gleich 85 Pfennigen) durchgeführt; bei Zugrundelegung der gegenwärtigen Relation wäre die deutsch-österreichische Belastung noch eine wesentlich schärfere.

Einkommen in Kronen (Mark)	Deutsch-Österreich		Preußen	
	Steuer mit Staatszuschlag		Steuer mit Staatszuschlag	
	einfach	mit 15 % Aufschlag für minderbelastete Haushalte	allein	mit 200 % Kommunalzuschlag
	in Prozenten des Einkommens			
1 250 (1062,5)	0,0	0,0	0,889	2,548
1 650 (1402,5)	0,824	0,824	1,198	3,480
2,000 (1700)	0,935	0,935	1,606	4,665
3 000 (2550)	1,223	1,406	1,864	5,315
5 000 (4250)	2,070	2,380	2,839	7,733
10 000 (8500)	2,925	3,364	3,548	9,007
20 000 (17 000)	4,340	4,991	4,350	10,350
30 000 (25 500)	5,176	5,573	4,706	10,589
50 000 (42 500)	6,739	7,750	5,760	12,537
100 000 (85 000)	8,714	10,021	7,153	14,683
200 000 (170 000)	15,003	17,254	7,764	15,529
500 000 (425 000)	21,393	24,602	7,905	15,811
1 000 000 (850 000)	24,685	28,388	7,953	15,906
5 000 000 (4 250 000)	30,632	35,227	7,990	15,981
10 000 000 (8 500 000)	33,398	38,408	7,995	15,991

zu einer äußerlich systematischen Einheit zusammengeschweißt worden. Erst in der neueren Zeit bemüht man sich, die einzelnen Abgaben ihrer Natur nach mehr zu individualisieren[1]. Daneben stehen die „Taxen", Abgaben für die Verleihung von Titel, Würden, Ämtern, Berechtigungen, ein Überbleibsel älterer Zeit ohne finanzpolitische Bedeutung. Als Teil des „Gebührengefälles" gilt auch der Spielkartenstempel, der Rest einer früher weitergreifenden Papierverbrauchsabgabe auf Zeitungen, Kalender, Ankündigungen. Aus dem Fahrkartenstempel hat sich schon vor dem Kriege eine differenzierte Fahrkartensteuer, im Krieg eine ganze Gruppe von Eisenbahnverkehrssteuern vom Personen-, Gepäck- und Lastenverkehr entwickelt.

Die Gebühren sind im Kriege fast alle erhöht worden, die Erbschafts- und Schenkungssteuer noch einmal durch ein deutsch-österreichisches Gesetz, ebenso die Effektenumsatzsteuer.

Um nur einige der bemerkenswertesten Abgaben dieser Gruppe herauszugreifen, hat sich bei den Gerichtsgebühren das System der Einzelgebühren im Gegensatze zu Deutschland erhalten, nur im Konkurs- und außerstreitigen Verfahren hat jenes der Pauschalgebühren Eingang gefunden.

Die Erbschafts- und Schenkungssteuer hat sich bereits vom Anfang an auch auf die Deszendenten erstreckt und bereits vor dem Kriege ohne Abstufung nach der Höhe des Erbanfalles für die

---

[1] Die „Gebühren" haben sich anfangs nur zum geringsten Teil an die Verkehrsakte selbst angeschlossen, wie die Erbschaftssteuer und die Handveränderungsabgabe vom unbeweglichen Besitz, weitaus überwiegend setzten sie einen schriftlichen Rechtsakt voraus und erst allmählich sind zahlreiche Abgaben vom Verkehr in mobilen Kapitalien von der schriftlichen Beurkundung des Geschäftsaktes unabhängig geworden. Die Gebühren werden entweder nach festen Sätzen eingehoben oder nach Skalen, deren es drei gibt, die in gewissen Stufen annähernd dem Werte proportional wachsen, oder endlich als Prozentualgebühren in Prozenten des Wertes des Objektes. Eine bunte Schar von Abgaben gehört zu diesen „Gebühren": echte Gebühren, wie insbesondere die Gerichtsgebühren; Anfall- und Gewinnsteuern, wie die Erbschafts- und Schenkungssteuer, Los-, Lotterie- und Wettgewinststeuer; andere Verkehrssteuern vom beweglichen und unbeweglichen Besitz, wie Handveränderungsabgaben vom entgeltlichen und unentgeltlichen Erwerb unbeweglicher Sachen, eine Abgabe der toten Hand (Gebührenäquivalent), Effektenumsatz-, Emissions-, Kupons-, Einlagen-, Gesellschafts-, Kaufvertrags-, Versicherungsvertragssteuern usw.; endlich Abgaben, die man anders als Schriftsteuer schwer bezeichnen kann, wie solche von Zeugnissen, kaufmännischen Büchern u. a. m.

Anfälle in gerader Linie und zwischen Gatten 1¼ Proz., für Verwandte bis zu den Geschwisterkindern 5 Proz., in anderen Fällen 10 Proz. betragen; im Kriege ist die Steuer progressiv ausgestaltet worden und umfaßt nach dem neuesten Gesetz vom Jahre 1919 statt drei nunmehr vier Gruppen nach dem Verwandtschaftsgrade (in die zweite Gruppe sind die Anfälle in der aufsteigenden geraden Linie versetzt) und elf Stufen nach der Höhe des Anfalles; in der untersten Stufe beträgt die Abgabe in den vier Gruppen 1,25, 2, 5 und 10 Proz., in der obersten 6,12, 24 und 30 Proz.; gleich hoch ist die Schenkungssteuer. Bei der Erbschaftssteuer kommt aber noch ein Staatszuschlag von 30, in einigen Städten von 40, in Wien von 60 Proz. dazu, aus dem gewisse autonome Körperschaften für die ihnen früher zustehenden lokalen Erbschaftsabgaben entschädigt werden, so daß in der obersten Stufe die Belastung 9,6, 19,2, 38,4 und 48 Proz. ausmacht; dazu kommt ferner noch eine durch die letzte Novelle eingeführte progressive Gesamtnachlaßsteuer für Nachlässe über 10 000 Kronen von 1 bis 8 Proz.

Die Handveränderungsabgabe vom Bruttowerte entgeltlich oder unentgeltlich übertragenen unbeweglichen Vermögens ist seit neuerer Zeit gleichfalls nach dem Verwandtschaftsgrade der beteiligten Personen, der Werthöhe der übertragenen Liegenschaft und überdies je nach der Art der Übertragung (höher für entgeltliche, weil bei den unentgeltlichen noch die Erbschafts- oder Schenkungsgebühr hinzutritt) differenziert; für Übertragungen von Bauerngütern une kleineren, vom Eigentümer bewohnten Häusern bestehen besonderd begünstigte Sätze. Im Höchstsatz erreicht diese Abgabe 5 Proz.

Ein „Gebührenäquivalent“ zahlen Gemeinden, Stiftungen und ähnliche Körperschaften von ihrem unbeweglichen Vermögen mit 3¾, von ihrem beweglichen Vermögen mit 1⅞ Proz., Erwerbsgesellschaften nur von ihrem unbeweglichen Vermögen mit 3¾ Proz.; es wird alle 10 Jahre bemessen und in Vierteljahresraten eingezahlt.

Die Lotteriegewinnststeuer beträgt 25 Proz., die Gebühr von Einlagezinsen 4 Proz. Die Versicherungsgebühren machen 2 Proz. der Prämieneinnahmen, 1 Proz. der Schadenszahlungen und ½ Proz. von Darlehen und Zinsen aus. In allen diesen Fällen handelt es sich um Perzentualgebühren.

Die drei Stempelskalen, von denen die zweite sozusagen die Normalskala ist, während die erste besonders begünstigte Akte (z. B. kurzfristige Wechsel), die dritte besonders leistungsfähige Akte trifft, aurden auf $^2/_{15}$, ½ und 1 Proz. erhöht.

Der Rechnungsstempel ist im Krieg noch nach unten erweitert worden und trifft jetzt selbst Rechnungen über die kleinsten Beträge mit 2 Hellern, der Frachturkundenstempel hat sich neben den Eisenbahnverkehrssteuern erhalten und ist gleichfalls erhöht worden.

Die Fahrkarten- und Gepäcksteuer macht auf Hauptbahnen 20 Proz., auf Lokalbahnen 10 Proz., bei Kleinbahnen 5 Proz. des Beförderungspreises aus, die Frachtsteuer beträgt 15 Proz.

Die bemerkenswertesten Unterschiede gegenüber den Stempelsystemen des Deutschen Reiches und seiner Einzelstaaten bilden vor allem der starke Ausbau der Erbschafts- und Schenkungsbesteuerung, dann die Steuer vom Immobiliarverkehr und von der toten Hand, weiter vor allem der umfassende Charakter der Besteuerung des schriftlichen Rechtsverkehrs, für den — ähnlich wie der Zolltarif die Zollpflicht mangels ausdrücklicher Befreiung präsumiert — die Abgabepflicht jedes einzelnen Aktes anzunehmen ist, wenn der sehr umfangreiche kasuistische Tarif nicht Befreiungen enthält. Andererseits fehlt dem österreichischen Abgabensystem die Warenumsatzsteuer. In seinem umfassenden Charakter erinnert das österreichische System stark an das der französischen Stempel- und Registergesetzgebung, deren Einflüsse auf das österreichische Gebührenwesen unverkennbar sind.

Auf die Verbrauchssteuern, Monopole und Finanzzölle braucht mit Rücksicht auf ihre abgesonderte Behandlung in diesem Sammelband nicht eingegangen zu werden. Von den Steuermonopolen ist das Salzmonopol im Laufe der Zeit immer mehr zum Verwaltungsmonopol und finanziell unergiebiger geworden; sein Reingewinn entspricht heute nicht mehr der deutschen Salzverbrauchssteuer. Die Verbrauchssteuern und das Tabakmonopol haben dagegen im Frieden eine starke Stütze des Budgets gebildet; wenn speziell die ersteren wie die Zölle im Kriege vorübergehend ihre finanzielle Bedeutung, trotz starker, wenn auch, außer beim Branntwein, lange nicht der Geldentwertung und Preissteigerung entsprechender Tariferhöhung, eingebüßt haben, so ist der Mangel an Verbrauchsprodukten die Ursache, und es steckt in diesen Abgaben eine Reserve für die Zukunft[1]. Diese

[1] Während im Jahre 1913 an den staatlichen Steuereinnahmen Österreichs die direkten Steuern mit 28,15, die Gebühren mit 16,84, die Verzehrungssteuern mit 26,06, der Reinertrag der Steuermonopole mit 16,5 und die Zölle mit 12,43 Proz. partizipierten, verschoben sich die Anteile nach dem Staatsvoranschlag

Reserve ist umso wichtiger, als der Ertrag Deutsch-Österreichs an direkten Steuern und Gebühren wesentlich hinter jenem Anteil zurückbleiben wird, der im alten Österreich von diesen Steuergattungen auf die deutschen Teile entfallen ist. In Wien, als dem Wohnsitz, ist die Einkommensteuer für viele Personen eingezahlt worden, die außerhalb des heutigen Deutsch-Österreich ihre Ertragsquellen hatten; in Wien war der Sitz von Gesellschaften, mit deren Ertragsquellen es ebenso stand und die hier eine „Sitzquote" der Erwerbsteuer zu zahlen hatten; diese Objekte werden in Zukunft nicht der Besteuerung des deutsch-österreichischen Staates unterliegen und manche Steuersubjekte werden abwandern. In Wien als dem kapitalistischen Zentrum kamen auch ein großer Teil der im Abzugswege erhobenen Rentensteuer, sowie zahlreiche Gebühren zur Einzahlung, die in Zukunft anderwärts einfließen werden.

Zum Schlusse nur wenige Worte über das Abgabensystem der autonomen Körperschaften. In weitaus überwiegendem Maße sind diese auf Zuschläge zu den direkten Ertragsteuern angewiesen; die Einkommensteuer ist aus den früher dargelegten Gründen von allem Anfange an zuschlagsfrei erhalten worden, die Rentensteuer im Abzugswege und die Besoldungssteuer öffentlicher Beamter und die Tantiemenabgabe desgleichen. Diese Zuschläge haben im Jahre 1913 etwa 76 Proz. der steuerlichen Einnahmen der Länder, 96 Proz. jener der Bezirke und 76 Proz. jener der Gemeinden ausgemacht. Den Rest haben bei den Ländern Zuschläge zur staatlichen Wein- und Fleischsteuer und zur Linienverzehrungssteuer, dann eigentümliche, vom Bierkonsum vor allem bei den Wirten erhobene Landesbierauflagen und vielgestaltige lokale Erbschaftsabgaben gebildet; im Kriege sind die beiden letzteren Gruppen, wie erwähnt,

1917/1918 außerordentlich zugunsten der direkten Steuern und Gebühren. Dies tritt im ersten Voranschlag Deutsch-Österreichs für das erste Halbjahr 1919 noch deutlicher hervor, der — auf 1 Jahr umgerechnet — in Millionen Kronen veranschlagt: direkte Steuern 573 (darin 150 Kriegssteuer), Gebühren 261,4, Verbrauchssteuern 76,8, Zölle 75, Steuermonopole 260. Nicht berücksichtigt sind dabei noch die seit dem Bestande Deutsch-Österreichs durchgeführten Steuererhöhungen mit den folgenden auf ein Jahr annähernd veranschlagten Erträgen in Millionen Kronen: Erhöhung der Grund- und Erwerbsteuer und der Kriegszuschläge zu den direkten Steuern (90), Brotauflage (80), Erhöhung der Erb- und Schenkungs-, sowie der Effektenumsatzsteuer (20), Erhöhung der Bier- und Branntwein-, Reform der Wein- und Schaumweinsteuer (90), Salzpreiserhöhung (20).

aufgehoben und durch staatliche Überweisungen aus den erhöhten Staatssteuern ersetzt worden, das gleiche ist jüngst anläßlich der Weinsteuerreform mit den Landeszuschlägen zur Weinsteuer geschehen, so daß sich augenblicklich die steuerlichen Einnahmen der Länder fast ganz auf Ertragsteuerzuschläge beschränken. Von Bedeutung ist nur noch die Wertzuwachssteuer, die in Wien als Gemeindeabgabe, dagegen in Salzburg, Steiermark, Kärnten, Tirol als Landessteuer mit Ertragsbeteiligung der Gemeinden besteht.

In den größeren Gemeinden bestehen vor allem Auflagen auf den Mietzins, die in aller Regel beim Hauseigentümer eingehoben werden; in neuerer Zeit werden in steigendem Maße kleinere Mietzinse freigelassen und wird die Auflage mit der Höhe des Zinses progressiv gestaltet, so daß sie den wichtigsten, lokal gebundenen Aufwand in einer nach der Leistungsfähigkeit abgestuften Weise trifft. Im Vergleich zum Deutschen Reich sind die Gemeinden weniger beschränkt in der Erhebung von indirekten Verbrauchssteuern; Zuschläge zur staatlichen Fleischsteuer, Auflagen auf den örtlichen Verbrauch von Bier, Wein, Branntwein, in den Städten mit Linienverzehrungssteuer Zuschläge zu dieser erreichen eine ziemliche Höhe. Abgesehen von der Hundesteuer bestehen speziell in den Städten Lustbarkeitsabgaben, Fahrkartensteuern u. a. m. Einen Anteil an den Überweisungen des Staates an die Länder hat nur Wien, und zwar in sehr bedeutendem Maße erhalten.

Der Wirkung des Krieges auf die autonomen Finanzen wurde bereits gedacht. Speziell die Gemeinden mußten vielfach ihre Zuschläge und Auflagen steigern und Kredite in Anspruch nehmen und werden, obwohl der Staat nach allen möglichen Steuerquellen wird suchen müssen, einer Vermehrung ihrer Einnahmen nicht entraten können, ebenso, selbst wenn ihr Wirkungskreis verfassungsmäßig nicht erweitert wird, voraussichtlich die Länder, über deren finanzielle Situation man mangels entsprechender Nachrichten sehr unvollkommen informiert ist.

Die bemerkenswertesten Unterschiede des deutsch-österreichischen gegenüber dem deutschen Abgabensystem sind zusammengefaßt die folgenden: Die starke Entwicklung des Ertragsteuersystems, speziell seiner städtischen Zweige, und des sogenannten Gebührenwesens, die Zentralisierung der Einkommensteuer, die entwickelten Steuermonopole, die abweichende Konstruktion gewisser Verbrauchssteuern, die steigende Bedeutung der Überweisungen an die obersten Selbstverwaltungskörper, die relativ hohe Bedeutung der Mietzins- und indirekten Verbrauchsauflagen für die Gemeinden. Geht die Entwicklung des Gebührenwesens, die besondere Entwicklung gewisser, die städtische Bevölkerung vorbelastender Steuern auf französische Einflüsse zurück, so zeigt die Zentralisierung der Einkommensteuer — eine der beachtenswertesten Eigentümlichkeiten des österreichischen Abgabensystems — und die Fundierung der Gemeinden speziell auf Real- und Mietsteuern eine gewisse Ähnlichkeit mit Tendenzen des englischen Steuersystems. Alles dies sind Eigenarten, die bei einem Anschluß Deutsch-Österreichs gewisse technische Schwierigkeiten verursachen und Übergangsmaßnahmen erfordern würden.

Auf statistisches Material, das der Praktiker vielleicht vor allem zu erwarten geneigt ist, ziffernmäßige Angaben über die Höhe der Ausgaben und Einnahmen der verschiedenen Art im Vergleich mit den entsprechenden Ziffern für Deutschland müssen wir verzichten. Für die Zeit vor dem Kriege liegt ein solches Material, das mit Deutschland verglichen werden könnte, für Österreich vor[1]. Allein es hat für den Vergleich Deutsch-Österreichs mit Deutschland nur eine verhältnismäßig geringe Bedeutung. Denn die Ziffern, die für den alten österreichischen Staat gelten, sind auf „Deutsch-Österreich" nicht reduzierbar. Es liegt eben im Wesen des Staates, daß sich seine Ausgaben und seine Einnahmen nicht schlechterdings auf seine Teile aufteilen lassen. Nur ein Teil läßt sich als Aufwendungen für ein bestimmtes Gebiet, als Einnahmen aus einem bestimmten Staatsteil lokalisieren, bei einem großen, ja dem größten Teil ist es unmöglich. Dies gilt für die wichtigsten Staatsausgaben für den „äußeren Machtzweck" (Militärausgaben, äußere Vertretung), es gilt zum Teil für das Verkehrswesen, für die innere Zentralverwaltung u. a. m. Es gilt für die indirekten Verbrauchssteuern, die zum größten Teil an der Produktionsstätte ohne Rücksicht auf den Ort des Verbrauches erhoben werden; die Branntweinsteuer und die Petroleumsteuer wurden im alten Österreich vor allem in Galizien erhoben, die Zuckersteuer vor allem in den Sudetenländern, belasteten aber die Verbraucher aller Länder; hier kann eine allerdings sehr mangelhafte Konsumstatistik noch einige Fingerzeige für die faktische Belastung der einzelnen Staatsteile geben. Bei der Einkommensteuer aber, die

[1] Vgl. insbesondere Pazauer, „Österreichs und Ungarns Staatswirtschaften", Wien 1916; „Der österreichische Staatshaushalt in dem Jahrzehnte 1903 bis 1912" (österr. Statistik, neue Auflage, 12. Band, 1. Heft); dann unsere früher berufene Schrift.

in Österreich zuschlagsfrei ist, daher ohne Rücksicht auf die Erwerbsquelle am Wohnsitz des Einkommenserwerbers vorgeschrieben wird, bei Stempelsteuern, bei Verkehrssteuern, die einheitlich von der Eisenbahnunternehmung abgeführt werden, bei den Einnahmen der staatlichen Verkehrsunternehmungen ist jede sachlich verläßliche Aufteilung unmöglich. Es würde sonach zur Ermittlung des Anteiles des heutigen Deutsch-Österreich an den Ausgaben und Einnahmen des alten Österreichs kaum etwas anderes erübrigen als vielfach nach der Bevölkerungszahl aufzuteilen; gerade bei Österreich hat dies seine besonderen Schwierigkeiten: denn ähnliche Verschiedenheiten der Bevölkerung der verschiedenen Staatsteile in der wirtschaftlichen und kulturellen Entwicklung, aber auch in der politischen Gesinnung gegenüber dem Staat, wie im alten Österreich, hat wohl kaum ein anderer Staat aufzuweisen; in finanzieller Hinsicht ist es für die ganze neuere Finanzpolitik seit dem Ende des 18. Jahrhunderts bedeutsam gewesen, daß Niederösterreich und Teile Steiermarks, dann vor allem die deutschen Gebiete der Sudetenländer und die deutsche Bevölkerung der Sudetenländer überhaupt als die städtischen Elemente und Träger der modernen industriell-kapitalistischen Entwicklung wirtschaftlich am leistungsfähigsten gewesen sind, das deutsche Element aber über das Verhältnis seiner Leistungsfähigkeit hinaus zu den Staatslasten herangezogen worden ist, einmal durch die das städtische Element schärfer belastende Steuerpolitik, dann durch die bessere Steuerverwaltung in deutschen Gegenden.

Die finanzielle Lage Deutsch-Österreichs auf ein vergangenes Friedensjahr zu projizieren, wäre nur mit großen Willkürlichkeiten möglich. Dabei wäre erst die im Vorangehenden angedeutete Umwandlung aller Verhältnisse durch den Krieg noch nicht berücksichtigt, dessen Lasten vor dem Zusammenbruch wieder vor allem die deutsche Bevölkerung in den vorzugsweise direkten Kriegssteuern und durch Aufbringung der Kriegsanleihe tragen mußte. Die Staatsrechnungen Österreichs aus den letzten Kriegsjahren sind aber überhaupt nicht fertig und es fragt sich, ob und wann sie nach dem Zerfall werden rekonstruiert werden können. Berechnungen selbst willkürlicher Art für Deutsch-Österreich aus dieser Zeit sind daher gar nicht möglich. Was endlich den ersten Staatsvoranschlag des neuen Staates (für das 1. Halbjahr 1919) anbelangt, so ist er sehr beiläufig unter Zuhilfenahme ziemlich roher Schlüssel, im wesentlichen nach dem Bevölkerungsschlüssel unter der Annahme der Zugehörigkeit der deutschen Sudetenländer zu Deutsch-

Österreich, aus dem Voranschlag des alten Österreich herausgerechnet. Die Verhältnisse haben ihn übrigens ganz über den Haufen geworfen. Die Anforderungen wegen Arbeitslosenfürsorge, Zulagen für die Staatsbediensteten, Lebensmittelbeschaffung u. a. m. werden das veranschlagte Halbjahrsdefizit von 1,3 Milliarden Kroenn vermutlich verdoppelt haben, so daß — ähnlich wie im Budget des Deutschen Reiches — annähernd die Hälfte des Budgets unbedeckt ist[1].

Es kam uns auch nicht darauf an, den augenblicklichen anormalen Zustand des deutsch-österreichischen Staatshaushaltes zu schildern, sondern die organischen Eigenarten darzulegen, die sein Finanzsystem bei weitgehender Verwandtschaft mit dem deutschen aufweist. Die künftige Entwicklung ist bei der Unsicherheit aller Verhältnisse dunkel, sind doch weder die Grenzen des neuen Staates, noch die Lasten, die ihm aus der Erbschaft des alten Österreich aufgebürdet werden sollen, gewiß. Daß die finanzielle Last des verlorenen Krieges und seiner Folgen auf jeden Fall unerhörte Ansprüche an das Finanzsystem stellen wird, wenn man sie rationell verteilen will, steht außer Frage. Was die besondere Eigenart des wirtschaftlichen, wie des finanziellen Problems Deutsch-Österreichs bildet, ist, daß es aus einem großen Wirtschafts- und Finanzkörper jäh herausgerissen ist; das berührt die überwiegend agrarischen Alpenländer weniger, sehr weitgehend aber Wien, dessen Steuerkraft und Steuerleistung speziell in den direkten Steuern die überragende Rolle spielt, in der Zukunft aber Schmälerungen erfahren wird. Diese sich vollziehenden und noch bevorstehenden Verschiebungen müßten allen Berechnungen der Steuerleistung und der Steuerkraft ihren praktischen Wert nehmen.

---

[1] Der Voranschlag weist — auf ein ganzes Jahr umgerechnet — in Milliarden K 5,95 Ausgaben und 2,46 Einnahmen auf. Der nach dem Bevölkerungsschlüssel berechnete Anteil am Dienst der alten österreichischen Schuld macht etwa 1 Milliarde K aus, ungefähr so viel wie Nettoeinnahmen aus allen staatlichen Abgaben und Betrieben. — Die Staatsschuld Österreichs betrug am 31. Oktober 1918, dem Dissolutionstage, etwa 83 Milliarden K, davon 11½ Vorkriegs-, 71½ Kriegsschulden. Letztere setzen sich zusammen aus etwa 35 Milliarden K Kriegsanleihen, 25 Milliarden Schulden an die Notenbank, 3,2 Milliarden Markschulden; der Rest entfällt auf verschiedene Verbindlichkeiten. Die Bevölkerung Österreichs betrug 29,2 Millionen, wovon auf Deutsch-Österreich mit den deutschen Sudetengebieten 36,3, ohne diese 25,3 Proz. entfallen.

Die Erzvorkommen in den deutsch-österreichischen Alpen.

Von

Ingenieur Dr. h. c. Hans Höfer.

Hofrat, em. Hochschulprofessor.

Schon die Kelten der Hallstätter Kulturzeit haben in den österreichischen Alpen an manchen Orten schwunghaften Bergbau getrieben, so auf Kupfererze zu Mitterbach im Salzburgischen und Kupferplatte in Tirol, auf Eisenerze bei Hüttenberg in Kärnten, auf Salz in Hallstatt und Hallein im Salzkammergut. Man fand bergmännische Werkzeuge und andere Behelfe in den Gruben, oft herrliche Bronzen in den Gräbern und die bekannten Schüßerlmünzen mit dem Reiter.

Befremdenderweise findet man von den nachfolgenden Römern weniger Reste; doch rühmen ihre Schriften den hohen Wert des norischen Eisens, welches in Hüttenberg erschmolzen wurde. Dann gewannen deutsche Bergleute in den Alpen Erze und Metalle; denn in der ältesten Bergordnung, jener von Trient, die lateinisch geschrieben ist, sind die technischen Ausdrücke deutsch und deutscher Wurzel. Von hier ab ruhte in Mitteleuropa, zeitweise auch in den Balkanländern, der Bergbau in deutschen Händen.

In der nachfolgenden Übersicht habe ich auch einige Erzlagerstätten berücksichtigt, deren Abbau jetzt stilliegt, in der Meinung, daß dies gleichsam Reserven sind, die bei der Änderung der Wirtschaftsverhältnisse oder auch nur eines Faktors derselben wieder zur Bedeutung kommen können.

1. Die Eisenerze.

In den deutsch-österreichischen Alpen kann man, abgesehen von mehreren abseits liegenden Vorkommen, zwei ausgedehnte Eisenerzzüge unterscheiden. Der eine gehört der sogenannten nördlichen Grauwackenzone an, welche die kristallinen Zentralalpen von den nördlichen Kalkalpen scheidet und vorwiegend auf paläozoischen Schichten aufgebaut ist; die Erze sind meist an Kalkstein gebunden. Der zweite ist die Kärntner zentralalpine Zone, welche ebenfalls Kalklagern zugehört, die in kristallinen Schiefern, Glimmerschiefer und Gneis eingebettet sind. Es sind da wie dort vorwiegend Spateisenerze (Siderite), welche, wie gewöhnlich, nahe dem Tag in

Brauneisenerze umgewandelt sind; letztere sind größtenteils schon abgebaut. Der Spateisenstein ist vom Kalk nicht immer scharf geschieden, sondern geht in diesen allmählich durch Kalkaufnahme über; dieses Übergangserz, eine Mischung von Eisen- und Kalkkarbonat, heißt in den Alpen von alters her Rohwand, mineralogisch Ankerit. Die Grenze zwischen Spateisen und Rohwand ist im Eisengehalt nicht scharf, sondern wird nach den jeweiligen technischen Verhältnissen gezogen und liegt jetzt bei etwa 25 Proz. Eisen; im allgemeinen lag sie vor Jahren höher. Zweifelsohne werden später die reicheren und mächtigeren Rohwandvorkommen eine größere wirtschaftliche Bedeutung bekommen, wenn die reicheren Erze erschöpft oder schwieriger zu gewinnen sein werden.

Die Eisenerze der nördlichen Grauwackenzone.

Die Erzführung beginnt östlich in Niederösterreich bei Reichenau, setzt am Bohnkogel und Altenberg nach Steiermark über und streicht in westlicher Richtung nach Niederalpel, Sohlen, Gollrad und Veitsch zum berühmten steirischen Erzberg, dem Glanzpunkt dieses Zuges. Die westliche Fortsetzung geht über Krumpen, Radmer, Johnsbach zum Blahberg bei Selztal. Weiter nach West verschwindet dieser Erzzug, den wir bisher 120 km streichend verfolgten, und taucht erst bei Werfen und Dienten im Salzburgischen wieder auf. An all den genannten Orten wurde seit langer Zeit Bergbau betrieben und versahen die Hochöfen verschiedener Besitzer mit bescheidenen Produktionen. Da die obersteierischen Eisensteinbergbaue und Hütten in eine Hand, in jene der Österreichischen Alpinen Montangesellschaft gelangten, so wurde die Erzeugung an Erz im steierischen Erzberg, die Roheisenerzeugung an dessen Nord- und Südseite konzentriert und der Betrieb der anderen Bergbaue stillgelegt. Im Salzburgischen hat das Eisenwerk Sulzau-Werfen der R. und E. Weinberger den Betrieb des Bergbaues und der Hütte mit Erfolg aufrechterhalten.

Das Spateisenvorkommen Schwader südlich von Jenbach im Inntale (Tirol) wird ebenfalls der nördlichen Grauwackenzone zugerechnet, obzwar der Typus von den steirischen ziemlich abweicht. Dieser Bergbau im Verein mit dem nachbarlichen bei Schwaz bildet das Westende der nördlichen Grauwackenzone, welche auch durch das Vorkommen von Kupfererzen ausgezeichnet ist, die mit dem des Spateisens in genetischer Beziehung stehen.

Am Bohnkogel-Altenberg

treten mehrere Spateisenlager mit 0,5 bis 3 m Mächtigkeit auf; im Altenberger Lager sind die Erze linsenförmig absätzig, während das Bohnkogeler Lager im Streichen auf 400 m regelmäßiger anhält und auf 100 m Saigerhöhe mittels Stollen aufgeschlossen ist. Die meist reinen Erze wurden in Neuberg verhüttet.

Gollrad

bebaute zwei ost-west streichende Lagerstätten, welche entgegengesetzt einfallen; das Hauptlager ist 7—10 m mächtig, streichend auf 720 m, verflächend auf 110 m aufgeschlossen. Der Josefigang hat 2—4 m Mächtigkeit und ist im Streichen 600 m, im Verflächen 140 m saiger bekannt. Die Roherze enthalten 35,6 Proz., geröstet 46 Proz. Eisen. Die etwas schwefelhaltigen Erze wurden in den Hochöfen zu Mariazell und Neuberg verschmolzen.

Der 8 km entfernte Bergbau Sohlen hat einen bis 4 m starken Gang abgebaut, der als Fortsetzung des Josefiganges angesehen wurde. Weniger günstig ist das Erzvorkommen in Niederalpel.

Veitsch.

Der Bergbau liegt am Südgehänge der hohen Veitschalpe bis zur Eckalpe, d. i. 8 km streichende Länge, wovon 350 m in Abbau genommen wurden. Die Mächtigkeit des Lagers wechselt zwischen 8 und 22 m. Die Erze haben geröstet 35 Proz. Eisen und müssen wegen den häufigen tauben Einlagerungen gut geschieden werden. Stollenbau. Die Abfuhrverhältnisse waren sehr primitiv und haben wesentlich zur Einstellung dieses erzreichen Bergbaues im Jahre 1876 beigetragen.

Der steierische Erzberg

liegt zwischen den Bergorten Vordernberg und Eisenerz, welche mit einer über den Präbühel genannten Sattel führenden Zahnradbahn verbunden sind; sowohl von Vordernberg, als auch von Eisenerz führen normalspurige Bahnen einerseits über Donawitz nach Leoben, andererseits nach Hieflau zu Hauptlinien der Staatsbahn; in Leoben ist überdies der Anschluß an die Linie der Südbahngesellschaft hergestellt. Der Erzberg erhebt sich auf der Eisenerzer Seite und steigt über die Talsohle daselbst um 842 m (1528 m Seehöhe) an. Das eigentliche erzführende Gestein scheint der devonische Sauberger Kalk zu sein, stellenweise bedeckt vom roten Werfener Schiefer, der unteren Trias angehörend. Es treten hier mehrere Lager auf, welche Spateisen führen, der einerseits allmählich in Rohwand, und, wo er länger der oxydierenden Wirkung der Atmosphäre ausgesetzt war, in Brauneisenerz übergeht. Der Übergang in Rohwand erfolgt nicht bloß an den Rändern des Erzlagers, sondern auch in ihm selbst liegen Rohwand-, ja sogar Kalkpartien.

Das bedeutendste Lager ist das hangendste, das sog. Weingartner Lager mit 150 bis 200 m Mächtigkeit und mit etwa 1 km streichender Länge. Es ist im oberen Teile steil gestellt, legt sich nach abwärts stetig flacher bis schwebend und fällt unten bei Eisenerz flach entgegengesetzt, so daß es eine ganz unsymmetrische Mulde bildet. Dieses Lager liegt konform mit dem Gehänge des Erzberges und ist entweder frei zu Tag liegend oder nur wenig von rotem Schiefer bedeckt, wodurch außerordentlich günstige Tagbauverhältnisse geschaffen sind. In vielen hohen Etagen wird das Erz gewonnen.

Im Liegenden des Weingartner Lagers sind, besonders im oberen Erzbergteile, mehrere Spateisenlager bekannt, welche voneinander durch Kalke getrennt sind und nach abwärts entweder auskeilen oder sich vereinigen; davon ist das Wismather Lager mit 300 m streichendem Aufschluß und mit etwa 60 m Mächtigkeit das bedeutendste, welches in seiner nordöstlichen Fortsetzung Leitnerlager genannt wird und an Mächtigkeit und streichender Länge das Wismather Lager übertrifft. Überdies unterscheidet man noch das Barbara- und das Leitner Hangendlager mit je 20 bis 30 m Mächtigkeit.

Die Lager streichen im südlichen Teile nach NO., im nördlichen nach NNW., so daß die ganze Ablagerung einem an den Berg gelehnten Schilde gleicht mit dem Buckel an der Bergseite und der Konkavität gegen West. — Die Liegendlager werden grubenmäßig mittels Querbau und Versatz im Winter abgebaut.

Das Spateisenerz enthält 35—36 Proz. Eisen und 3 Proz. Manganoxydul; es ist meist rein und führt nur hier und da Einsprengungen von Schwefel-, seltener Kupferkies und Quarz.

Die Spateisenlager sind hier, wie auch an mehreren anderen Orten des Grauwackenzuges, metasomatischer Entstehung; den Kalklagern wurden Eisenlösungen zugeführt, welche sich mit der Kohlensäure des Kalksteins verbanden, während der Kalk größtenteils oder ganz entführt wurde. Damit ist auch der Übergang der Rohwände einerseits in Spateisen, andererseits in Kalk leicht erklärlich.

Aus der Geschichte dieses alten Bergbaues, dessen Beginn man ganz unerwiesen auf die Römerzeit verlegen wollte, sei nur die Entwicklung des Gewerkschaftswesens kurz erwähnt. Der untere Teil des Erzberges gehörte den 19 Eisenerzer oder Innerberger, der obere den 14 Vordernberger Radwerken; diese beiden Besitzungen waren durch die sog. „Ebensohle", d. i. eine Horizontalebene, geschieden. Die Vordernberger Gewerken, Radmeister genannt, mußten ihre Erze über den höher liegenden Präbühel zu ihren Blahöfen nach Vordernberg zum Verschmelzen verfrachten. Da die Eisenerzer Radmeister schlechte finanzielle Erfolge hatten, so vereinigten sie sich zur Innerberger Hauptgewerkschaft, welche 1669 eine staatliche Oberleitung bekam und 1807 in den Besitz des Staates überging; durch Verkauf bildete sich 1868 die k. k. a. pr. Aktiengesellschaft der Innerberger Hauptgewerkschaft. Die Vordernberger Radmeister bildeten 1829 ebenfalls eine Kommunität, der nur ein Gewerke fernblieb, 1871 beitrat und so den Vordernberger Erzbergverein bildeten.

Durch die Vereinigung der größeren alpinen Eisenwerks-Aktiengesellschaften, auch der Innerberger, bildete sich die Österreichische Alpine Montangesellschaft, welche die zwölf Vordernberger Radwerke kaufte und so fast Alleinbesitzer des steirischen Erzberges wurde; das einzige selbständig gebliebene Radwerk ging in den Besitz der Gebrüder Böhler & Co. A.-G. in Kapfenberg über.

Die Alpine Montangesellschaft errichtete zu Donawitz eine moderne Kokshochofenanlage mit Koksbezug aus Ostrau und Westfalen und vergrößerte und modernisierte das dortige Raffinierwerk. Das Donawitzer und Eisenerzer Roheisen versorgt nicht bloß die übrigen Raffinierwerke dieser Gesellschaft, sondern auch den größten Teil der übrigen Eisenwerke und erreichte dadurch eine Art Monopolstellung. Die Erzeugung des steirischen Erzberges betrug:

im Jahre	Innerberg	Vordernberg[1]	im Jahre	Innerberg	Vordernberg[1]
1910	14 450 000 q	2 546 446 q	1913	15 930 000 q	3 570 000 q
1911	14 900 000 „	2 700 000 „	1914	12 100 000 „	3 200 000 „
1912	14 600 000 „	3 310 000 „	1915	14 500 000 „	3 100 000 „

Von der Innerberger Produktion wurden nach Schlesien, Mähren und Böhmen verkauft: im Jahre 1913 7,29 %, 1914 6,19 %, 1915 10,93 %.

[1] Einschließlich der Produktion der Gebr. Böhler A.-G.

Die Österreichische Alpine Montangesellschaft schätzte 1909 die Erzvorräte ihrer voran genannten Bergbaue wie folgt[1]:

Bergbau		Aufgeschlossen bzw. vermutet in Metern			Menge in Metertonnen	
		Länge	Mächtigkeit	Höhe	Rohwand 15—25 % Eisen	Erze mit 25—45 % Eisen
Erzberg	Eisenerzer Teil	680	160	850	85 000 000	170 000 000
	Vordernberger Teil	370	200	540	72 000 000	36 000 000
	zusammen	—	—	—	157 000 000	206 000 000
Niederalpel		80	3	50	30 000	130 000
		650	3	144		
		85	3	50		
Gollrad		400	5	140	150 000	700 000
		400	7	150		
Bohnkogel und Altenberg		200	7,5	110	50 000	230 000
		125	0,4	100		
		115	8	26		
		130	5	30		

In der Krumpen

bei Eisenerz wurde 1863 ein mächtiges Brauneisenlager erschlossen und mit einem großen Komplex von Grubenmaßen belehnt; doch zeigte es sich bald, daß das Braunerz nur eine schwache Oxydationsdecke eines Rohwandlagers ist, das, so lange die reichen Erze des nachbarlichen Erzberges anhalten, von keiner wirtschaftlichen Bedeutung ist. Das Vorkommen, welches tagbaumäßig gewonnen werden könnte, ist ebenfalls Eigentum der Österreichischen Alpinen Montangesellschaft.

Radmer, Johnsbach, Krumau, Aigen, Blahberg.

In dieser westlichen Fortsetzung bilden die Erzlager Linsen im Kalk, die durch Schiefer zu einer Art Brokzie verbunden sind und in der Radmer etwa 20 Proz. Eisen führen; das Liegende ist auch hier Grauwacke, das Hangende Werfener Schiefer. Sie wurden als sog. Zuschlagschiefer für die Verhüttung der basischen Spateisenerze verwendet. Auch diese Vorkommen gehören fast durchweg der Österreichischen Alpinen Montangesellschaft.

Weiter westlich ist der Eisenerzzug unterbrochen und erscheint erst wieder in Sulzau-Werfen (Salzburg).

[1] The Iron Ores Resources of the World. Vol. I. p. 155. 1910.

Sulzau-Werfen (Salzburg).

Die zu diesem Eisenwerk (Konkordiahütte) gehörenden Eisenerzvorkommen liegen in 1000 bis 1200 m Seehöhe am linken Ufer der Salzach und sind nordwestlich streichend nahezu auf 3 km nachgewiesen. Der Erzzug, am Moosberg beginnend, setzt sich über Flachenberg bis zur Höllner Erzgrube und von hier, durch den Höllbach getrennt, bis zur Grube Schäferötz fort; durchweg ist Stollenbau.

Die Erzlagerstätte bildet unregelmäßige Linsen von verschiedenen Ausdehnungen; es schwankt die Mächtigkeit von wenigen bis zu 50 m. Sie liegt zwischen den Werfener Schichten und dem Triaskalk, ist also etwas jünger als der obersteirische Erzzug, doch wie dieser metasomatischen Ursprungs. Das ursprüngliche Spateisen ist großenteils in Brauneisen umgewandelt.

Jetzt ist nur die Grube Schäferötz in Betrieb, deren Erze roh 26 Proz., geröstet und gesintert 35—40 Proz. Eisen enthalten und ziemlich rein sind; das hieraus erblasene Roheisen ist von vorzüglicher Güte. In dieser Grube sind jetzt rund 12 000 t, in jener von Hölle 6000 t Erz aufgeschlossen. Die im ganzen Zug wahrscheinlich vorhandene Erzmenge wird von der Unternehmung unter Zugrundelegung eines Sicherheitskoeffizienten von $\frac{1}{3}$ auf etwa 1 Million Tonnen geschätzt.

Der Bergbau ist mit der Hütte durch eine 6000 m lange Seilbahn von 120 q stündlicher Leistung verbunden.

Erzeugt wurden:

im Jahre	Erz	Roheisen	im Jahre	Erz	Roheisen
1910	96 537 q	47 148 q	1914	78 587 q	31 817 q
1911	110 151 „	42 132 „	1915	23 266 „	22 510 „
1912	120 057 „	43 489 „	1916	101 697 „	53 391 „
1913	163 720 „	56 239 „	1917	106 058 „	54 688 „

Dieses Eisenerzvorkommen samt der Konkordiahütte ist Eigentum des Eisenwerkes Sulzau-Werfen der R. und E. Weinberger.

Schwader.

Dieser Bergbau liegt 12 km südlich von Jenbach in Nordtirol und 632 m über dem Inntale am Nordabhang des Kellerjoches. Es treten hier zwei Spateisengänge im Tonschiefer auf, wovon der eine mit

[1] 1913 wurde der Bergbau Hölle eingestellt.

45 ° nach Osten, der andere mit 65 ° nach Südosten verflächt; sie sind im Streichen auf etwa 900 m, im Verflächen auf 400 m bekannt. Nur der eine, der Neufundergang mit 0,5 bis 4,7 m Mächtigkeit, wird abgebaut. Insbesondere in den oberen Horizonten wird das Spateisen, das 35 Proz. Eisen hat, von Schwerspat, Kupferkies, Fahlerz und Quarz begleitet. Dieser Stollenbau, welcher Eigentum der Jenbacher Berg- und Hüttenwerke der J. und Th. Reitlinger ist, steht mittels Seilbahn mit dem Hochofen in Jenbach in Verbindung. Der Bergbau ist seit etwa 12 Jahren eingestellt.

In Nordtirol sind in der Grauwackenzone noch folgende Eisenerzvorkommen zu erwähnen, die jedoch schon seit längerer Zeit nicht mehr ausgebeutet werden. Auf der Hochalpe in der Gemeinde Fieberbrunn bei Kitzbühel ist ein 1 bis 1,5 m starkes Spateisenlager mittels Stollen 270 m streichend und 80 m im Verflächen aufgeschlossen. Wegen der hohen Lage bzw. der Abfuhrschwierigkeiten wurde der Bergbau eingestellt.

Der Bergbau Gebra-Lannern (östlich von Kitzbühel) der Eisen- und Stahlgewerkschaft Pillersee hat im Grünstein drei Spateisengänge erschlossen, welche mit 50—70 ° nach Südosten verflächen, wovon der Mariahilfergang 2—9 m mächtig und streichend 455 m, im Einfallen auf 190 m (flach) aufgeschlossen ist. Das Erz hält 35 Proz. Eisen. Gangarten sind Quarz, Kalk- und Bitterspat, sehr selten ist Zinnober, Quecksilber und Kupfernickel. Der Stollenbau in 1900 m Seehöhe wurde wegen den damit verbundenen Schwierigkeiten nach einem neuerlichen Versuch in den siebziger Jahren des 19. Jahrhunderts wieder eingestellt.

Schwaz. Westlich vom Schwader und 4 km von Schwaz treten am Falkenstein im Phyllit an der Grenze gegen Dolomit mehrere Spateisengänge auf, wovon zwei in Abbau genommen wurden; sie verflächen mit 45 ° nach Osten, sind 0,5—4 m mächtig, 680 m im Streichen und 330 m im Einfallen bekannt. Der Eisengehalt ist 30 Proz. Gegen die Tiefe führen sie Kupferkies, Bleiglanz, Fahlerz und Bournonit, welche schon im Mittelalter den Bergbaubetrieb veranlaßten, der erst 1774 den Abbau der Eisenerze aufnahm. Der stollenmäßig betriebene Eisensteinbergbau in den oberen Horizonten, welcher die Erze zum Hochofen in Jenbach abführte, ruht seit 1876. Die unteren Partien werden wegen ihrer Kupfererze vom Schwazer Bergbauverein ausgebeutet und sind von den oberen, dem Eisensteinbergbau, durch eine Horizontalebene rechtlich geschieden.

Der Kärntener zentralalpine Eisenerzzug.

Im oberen Lavanttale liegt in der westlichen Abdachung der Koralpe das Spat- und Brauneisenvorkommen am Loben und der Eisenglimmerstock Waldenstein und im Ostgehänge der Saualpe sind die Spateisenlager der Wölch. Auf der Westabdachung dieses Gebirges ist der reiche Hüttenberger Erzberg, aus welchem schon die Kelten und dann die Römer ihr berühmtes norisches Eisen gewonnen haben. In weiterer Fortsetzung des Erzzuges nach West gelangt man über Waitschach zu den alten Bergbauen von Olsa und St. Salvator und weiter im Metnitztal zu einigen kleineren Rohwand- und Erzlagern, welche einst ebenfalls abgebaut wurden; doch fehlen hierüber brauchbare Nachrichten.

In Loben, östlich von St. Leonhard, sind vier erzführende Kalklager bekannt, welche mit etwa 65 ⁰ nach Süd einfallen; sie führen teils lager-, teils gangförmig Spateisen mit durchschnittlich 38 Proz. (geröstet) Eisengehalt. Der Aufschluß des nun aufgelassenen Bergbaues erfolgte mittels Stollen. Die Lagerstätten sind im Streichen auf 250 m, im Verflächen auf 120 m ausgerichtet.

Bei Waldenstein, südöstlich von St. Leonhard, ist nahe der Talsohle ein 40 m mächtiger Eisenglimmerstock, welcher 200 m in der Länge aufgeschlossen ist; der meist in großen Kristallen eingesprengte Schwefelkies wurde ausgeklaubt, die kleineren Einsprengungen wurden durch Auswitterung unschädlich gemacht; untergeordnet tritt im Eisenglimmer auch Spateisen auf. Der Eisenglimmer, der durch viele Jahre den nachbarlichen Hochofen speiste, wird jetzt als Malerfarbe vorteilhaft verwendet. — Überdies kommen auch zwei Spateisenlager selbständig vor, wovon das eine bis 7 m, das andere 8 m, davon 6 m Rohwand, mächtig ist. Sie sollen 900 m im Streichen und 200 m im Verflächen aufgeschlossen sein. 1915 wurden 4,134 q Eisenglimmer im Werte von 4217 Kronen von 8 Arbeitern gewonnen und in der eigenen Farbenfabrik verarbeitet; das erzeugte „Stahlgrau" hatte einen Preis von 11 Kronen je 1 q. In östlicher Fortsetzung findet man bei Theissenegg einige zum Teil mächtige Rohwandlager, welche im Ausgehenden in gutes Braunerz umgewandelt sind. In der Wölch treten im kristallinen Kalk zwei Spateisenlager (Gänge?) auf, welche angeblich bis 15 m Mächtigkeit hatten und auf 400 m streichend bei 170 m fallend aufgeschlossen sind. Die Lagerstätten sind angeblich abgebaut und der etwas verworren geführte Betrieb - Stollenbau - ist schon seit längerer

Zeit eingestellt. Als Begleiter trat auch Bournonit teils in größeren Kristallen (Wölchit), teils eingesprengt auf, weshalb in dem kleinen Hochofen in St. Gertraud Blei, in 1½ Jahren etwa 100 q, gewonnen wurde.

Diese drei Erzvorkommen im Lavanttale sind Eigentum der Grafen Henckel-Donnersmarck-Beuthen; jedes hielt bis in die siebziger Jahre des vorigen Jahrhunderts einen kleinen Hochofen in Betrieb.

Der Hüttenberger Erzberg

liegt zwischen den Orten Heft, Lölling, Hüttenberg; dieses ist mittels einer Normalspurbahn in Launsdorf mit der Staatsbahn Wien—St. Michael—Villach verbunden. Im Norden ist der Erzberg vom Mosinz-, im Süden vom Löllinger Graben begrenzt. Hier haben bereits die Kelten und nach diesen die Römer Erze gewonnen und Eisen geschmolzen; das einst so hochbewertete norische Eisen stammt von hier.

Es treten hier fünf Urkalklager im glimmerreichen Gneis auf, die durch Glimmerschiefer getrennt sind; vom Liegenden ab gerechnet ist das dritte Lager (Hauptlager) das mächtigste und erzreichste; auch das vierte und fünfte sind erzführend, besonders in der westlichen Fortsetzung gegen Olsa. Im Hauptlager sind sechs parallele Spateisenlager, von Südosten nach Nordwesten streichend, mit 30—70° einfallend und mit 298 m größter Mächtigkeit (samt den Zwischenmitteln) und 190 m reine Erzmächtigkeit auf 1890 m streichender Länge bekannt. Die Erzlagerstätten sind sehr unregelmäßig gestaltet; es herrscht wohl eine streichende Dimension vor, doch ist die Mächtigkeit sehr wechselnd; die Lager gabeln sich im Streichen und manchmal auch nach aufwärts, sie sind verbogen, so daß manchmal ein fischähnlicher Horizontalschnitt erkennbar ist. Durch Zertrümmern und Verrohwanden enden die Lager, die gewöhnlich nur im Liegenden scharf begrenzt sind. Es sind 18 Lager bekannt, von welchen die wichtigsten in nachfolgender Tabelle auf S. 83 genannt sind.

F. Seeland, ein vorzüglicher Kenner des Erzberges, erwähnt das Wolfbau- und Glücklager nicht, gibt jedoch vom Knichtelager ungewöhnlich große Dimensionen an, während die von der Gesellschaft geschätzten Erzmengen relativ klein sind. All diese Angaben beziehen sich auf den tiefsten Teil der Grube und ich vermute, daß hier ein Namenstausch infolge neuer Aufschlüsse stattfand. Den gesamten Erzreichtum des Hüttenberger Erzberges gab die Inhabung, d. i. die Österreichische Alpine Montangesellschaft, im Jahre 1909 an als aufgeschlossen 5 916 632 t, als geschätzt 6 602 932 t.

Lager	Größte Mächtigkeit	Streichende Länge	Flache Höhe	Aufgeschlossene	Geschätzte	Erz
				Erzmenge		
	Meter [1]			Metertonnen [2]		
Großattich	45	398	132	175 187	104 428	Braun
Schacht	42	246	106	117 703	248 882	Spat
Ackerbauhaupt . .	28	151	150	448 544	165 760	Braun
Bartenstein . . .	17	265	46	708 263	815 616	Spat
Abendschlaghaupt .	38	180	170	157 781	—	Braun
Greitbau	34 (46?)	569	—	443 364	944 128	
Knichte	95	834	—	28 858	65 764	
Wolfbau und Glück	—	—	—	800 731	—	Braun
	—	—	—	2 402 194	3 854 800	Spat

Die Erzerzeugung war:

im Jahre	Spateisen	Brauneisen	Zusammen
1910	141 101 q	333 563 q	474 664 q
1911	441 448 „	136 205 „	577 653 „
1912	570 833 „	211 107 „	781 940 „
1913	616 536 „	25 278 „	641 814 „
1914	—	—	655 803 „
1915	—	—	976 472 „

Der Großteil der Produktion wurde in den letzten Jahren nach Österreichisch-Schlesien abgesetzt; die Verhüttung in Kärnten wurde 1908 eingestellt. In den oberen Horizonten brechen Braun- und Blauerze, in der Tiefe Spateisen ein. Blauerz ist Brauneisen von fast blauschwarzer Farbe infolge eines höheren Mangangehaltes und findet sich in den höchsten Grubenbauen; es ist oft von schneeweißem Baryt begleitet. In den untersten Horizontonten findet sich das Weißerz (Spateisen), in welchem Quarz- und Schwefelkies, hier und da auch andere Sulfide, Antimonite und Arsenite eingesprengt sind. In den Blau- und Braunerzen treten die willkommenen sekundären Manganminerale Wad und Pyrolusit auf und sind die schädlichen Sulfide zersetzt.

[1] Nach F. Seeland: Der Hüttenberger Erzberg und seine nächste Umgebung. Wien 1876.

[2] Nach Angaben der Österr. Alpinen Mont.Ges. in The Iron Ores Resources of the World. Vol. I, p. 157. 1910.

Das Braunerz hat bis 4,91 Proz., das Spateisen bis 5 Proz. Manganoxyd. Der Eisengehalt der Erze ist 41,28 bis 56 Proz. Die Spateisenlagerstätten sind metasomatischer Entstehung, durch Eindringen von Eisenlösungen im Kalk entstanden. Der Bergbau wird stollenmäßig betrieben.

Die Eisenerzvorkommen zu Waitschach, Bürger- und Gaisberg bei Olser-Friesach sind ebenfalls Eigentum der Österreichischen Alpinen Montangesellschaft und treten gang- und lagerförmig im kristallinen Kalk auf. In Waitschach ist die Erzlagerstätte mit Brauneisenerz 0,5 bis 30 m mächtig und streichend auf 300 m aufgeschlossen; die aufgeschlossene Erzmenge wird auf 1 066 000 t geschätzt. Bei Olsa sind die Lagerungsverhältnisse nicht ganz klar, doch scheinen dort ausschließlich Gänge aufzutreten; die Mächtigkeit soll bis 20 m (?) ansteigen. Es ist durchwegs Stollenbau, der jedoch in letzterer Zeit zurücktrat, weil die Alpine Montangesellschaft den Erzbergbau in Kärnten nur am Hüttenberger Erzberge und auch hier nur reduziert betrieb und betreibt. Der Bergbau Olsa war ursprünglich, vor etwa 700 Jahren, ein Silberbergbau; man findet jetzt noch verschiedene silberhaltige Blei- und Antimonerze. Die Erze sind bis zur Talsohle verhaut. Die Bergbaue bei Olsa liegen nahe von Friesach, einer Station der Staatsbahn St. Michael—Villach.

Zeyring (Obersteiermark)

ist nordwestlich von Judenburg, also außerhalb des Kärntner Erzzuges gelegen. Es ist dies ein uralter, einst schwunghaft auf Silbererze, später (seit 1783) auf Eisenerze betriebener Bergbau, der einen kleinen Hochofen speiste. Schon aus dem Jahre 1158 wird eine Ersäufung der Grube gemeldet. Die Lagerstätten treten in einem mächtigen Stock kristallinen Kalks auf, der im Glimmerschiefer liegt, und gehören somit zum Typus des Kärntner zentralalpinen Zuges, liegen jedoch nicht in dessem Streichen. Die Stollen sind in den Berg sowohl von der Süd- als auch von der Ostseite eingetrieben. Der Bergbau ist seit etwa 30 Jahren eingestellt, da man etwa 15 m unter dem tiefsten Stollen in einem Gesenke auf Wasser stieß. Daselbst war ein Spat-Brauneisengang von etwa 2 m Mächtigkeit zu beleuchten. Über dem genannten Stollen sind mehrere Zechen, davon eine etwa in der Größe eines gewöhnlichen zweistöckigen Hauses. Im oberen Teile derselben gehen einige kurze, sehr niedrige Schrämstrecken nach auswärts, welche Spalten verfolgen, die taub sind. Es scheinen die Zechen auf Stöcken und Stockwerken betrieben worden zu sein. In einigen Stücken Spateisensteins fand ich Bleiglanz, Fahlerz und Bournonit eingesprengt, welche in der Nähe des Tages wahrscheinlich reichlicher vorkamen und den Silberbergbau bedingten, wie dies auch in der Olsa (Kärnten) der Fall gewesen sein dürfte.

Die Tiefe ist, abgesehen von dem erwähnten Gesenke, nirgends erschlossen. In der Nähe des Bergbaues fließt die wasserreiche Pöls vorbei.

Das Eisenerzvorkommen der Turracher Karbonmulde.

Beim Zusammenstoß der drei Länder Steiermark, Kärnten und Salzburg erstreckt sich die Turracher Karbonmulde, welche unmittelbar auf kristallinischen Schiefern ruht. Sie beginnt mit manchmal dolomitischen Kalklagern, worauf Tonschiefer und auf diesem ein mächtiges Quarzkonglomerat folgt, das in Steiermark ziemlich gestörte Anthrazitlager einschließt. Der erwähnte Kalk führt bei Turrach in Steiermark im Steinbachgraben und Rohrenwald, in der Inneren Krems (Kärnten) und im Bundschuh- und Kendlbrucker Graben in Salzburg bedeutende Eisenerzlager; so im Steinbachgraben drei, deren gesamte Erzmächtigkeit 23 m beträgt und im Streichen 350 m, im Verflächen (14 °) 138 m aufgeschlossen sind. Im Rohrenwald sind die Verhältnisse ähnlich, jedes Lager ist durchschnittlich 2 m stark; da wie dort ist manganhaltiges Brauneisenerz, welches durch Schwefel- und Kupferkies, sowie Schwerspat verunreinigt ist. Die geschiedenen Erze gaben ein ganz gutes Bessemerroheisen.

In der Inneren Krems, nordöstlich von Gmünd in Kärnten, sind am Altenberg drei parallele Spateisenerzlager, welche 1—12 m mächtig sind und mit 30 ° in den Berg einfallen; sie sind streichend auf 600 m, im Verflächen auf 350 m aufgefahren; die Erze führen stellenweise etwas Schwefelkies. — In der Grünlaiten tritt ein Brauneisenerzlager mit 1—8 m Mächtigkeit auf, ist streichend auf 420 m, im Verflächen (16 °) etwa 400 m aufgeschlossen.

In Salzburg haben die Spateisensteinlager durchschnittlich 3 m, die Brauneisensteinlager 2 m Mächtigkeit, sind jedoch absätziger als in den beiden Nachbarländern; das Streichen wird mit 200 m, das Verflächen mit 120 m angegeben.

Der Bergbaubetrieb ist in diesen drei Ländern sehr alt und wird in Urkunden schon um das Jahr 1500 erwähnt. Trotz des Schwefelkiesgehaltes wurde durch Handscheidung, Rösten und Auslaugen sehr gutes

Roheisen und Schmiedeeisen erzeugt. Die Hochöfen waren von den Bergbauen, die z. T. in über 1000 m Seehöhe, z. T. in der Alpenregion, liegen, weit, so z. B. in der Inneren Krems 20 km, entfernt. Die Erzlager konnten und können vorteilhaft mittels Stollen erschlossen werden. Die günstig gelegenen Wälder, welche für die Gruben das Holz, für die Hochöfen die Holzkohle lieferten, wurden abgestockt, und die dann notwendige weite Zufuhr verteuerte den manchmal ziemlich primitiven Betrieb, der nun allseits seit geraumer Zeit eingestellt ist. Turrach bekam in neuerer Zeit eine Eisenbahnverbindung, hingegen liegen die Eisenerze in Kärnten und Salzburg fernab vom Verkehr. Eine Bahnverbindung von Spital a. d. Drau über Gmünd, Innere Krems, Bundschuh mit dem Anschluß an die Murtalbahn ist geplant, wodurch dieses alte, abgeschlossene Eisengebiet, das auch der Konkurrenz mit der unter günstigen Verhältnissen arbeitenden Alpinen Montangesellschaft nicht gewachsen war, voraussichtlich zu neuem Leben erwachen kann. Es könnte die Oberkärntner und Salzburger Holzkohle, sowie über Tirol westfälischer Koks zugeführt und der jetzt unter drei Besitzern geteilte Betrieb in einer Hand vereint werden. Die Verhältnisse des Erzvorkommens sind im allgemeinen recht günstig. Die Bergbaue und Hütten bei Werfen (Salzburg) beweisen, daß selbst kleinere Unternehmungen bei rationellem Betrieb unter gewissen Verhältnissen noch lebensfähig und rentabel sein können; das besprochene Gebiet hätte in Süd und Südwest günstige Absatzgebiete.

Vereinzelte Eisenerzvorkommen.

Blahberg in der Laussa bei Weyr in Oberösterreich.

Es ist dies ein weit nach Nord vorgeschobenes Vorkommen von einem für unsere Alpen ganz fremden Typus. Am Hochkogel ist auf Liaskalk ein unter 30 ° nach Norden einfallendes, 4—6 m mächtiges oolithisches Roteisenerz aufgelagert und wird stellenweise von einer gering mächtigen Kalkbank, von Sandstein und Kalkkonglomerat überdeckt. Diese Überdeckung wird in der Fortsetzung des Erzlagers bei Prüfingkogel mächtiger, auch das Erzlager ist stärker, 4,5—8 m. Das Erz hat 26—35 Proz. Eisen, hat keine schädlichen Beimengungen, kann vielfach tagbaumäßig gewonnen werden. Die Abfuhr der Erze, welche bisher nicht abgebaut wurden und der Österreichischen Alpinen Montangesellschaft verliehen sind, zu der 16 km entfernten Station Weißenbach der Staatsbahn wäre keine unüberwindliche Schwierigkeit.

Unter dem Hochkogel, der steirischen Grenze näher, wurde in der Bärneben ein 3—4 m mächtiges Roterzlager auf etwa 1 km streichend mittels Röschen erschürft.

In der Breitenau bei Mixnitz (Steiermark) versorgte ein Bergbau einen kleinen Hochofen, der wegen Brennstoffmangel seinen Betrieb einstellte. Im Allerheiligenbau wurde ein 2 m mächtiges Lager von Braun- und Spateisen, das mit 40° nach O einfällt, und im Lautsch ein 5,8 m starker Toneisenstein abgebaut. Diese alten Bergbaue wurden im jetzigen Jahrhundert wieder aufgenommen.

Bei Pöllau, westlich von Neumarkt, an der Staatsbahn St. Michael—Villach in Steiermark, gelegen, ist ein Magneteisenvorkommen, das dem nachbarlichen Kloster St. Lambrecht gehört und in den letzten Jahrzehnten nicht abgebaut wurde. Angeblich erwarb es vor kurzem die Öster. Alpine Montangesellschaft.

Die Eisenerzvorräte in Deutsch-Österreich.

Deutsch-Österreich besitzt einen großen Reichtum an Eisenerzen, vorwiegend Spateisen, der zum weitaus größten Teil in den Händen der Österreichischen Alpinen Montangesellschaft liegt; diese hat bisher nicht bloß den Bedarf Deutsch-Österreichs an Eisenerzen bzw. Roheisen gedeckt, sondern auch bedeutende Erzmengen in die Nordprovinzen des alten Österreich verkauft; so gingen 1915 nach Schlesien 1 394 174 q, Mähren 667 155 q und nach Böhmen 216 903 q, zusammen 2 278 232 q, hiervon 1 584 185 q Roherze, der Rest geröstet. Im Jahre 1915 wurden

	erzeugt	geschätzter Erzvorrat
Steirischen Erzberg . .	17 600 000 q	206 000 000 t
Hüttenberger Erzberg .	976 472 „	12 519 564 „
Zusammen	18 576 472 q	218 519 564 t
Hiervon verkauft . . .	2 278 232 q	
In den Alpen verblieben	16 298 240 q	

Von dem hieraus erzeugten Roheisen (5 387 534 q) gingen 1915 20 Proz. in das jetzige Ausland, so daß der jährliche Erzbedarf für Deutsch-Österreich 13 038 590 q + 23 266 q (Sulzau-Werfen[1]) = 13 061 856 q ist.

[1] Auch hier wurde ein Teil des aus den Erzen erzeugten Gußeisens in das Ausland verkauft.

Aus dieser Gegenüberstellung ergibt sich, daß allein die beiden alpinen Erzberge den Eisenerzbedarf Deutsch-Österreichs, die Erzeugung des Jahres 1915 zugrunde gelegt, für etwa 170 Jahre decken, abgesehen davon, daß mit der Zeit auch die reicheren Rohwände verschmolzen werden dürften, wenn dies die Roheisenpreise erlauben. In dieser skizzenhaften Berechnung sind die vielen übrigen Eisensteinvorkommen nicht berücksichtigt, welche jetzt wegen den Verkehrs-, Besitz- und Konkurrenzverhältnissen nicht abgebaut werden und ebenfalls einen bedeutenden Erzvorrat bilden.

2. Die Blei-, Zink- und Silbererze.

Der südalpine Blei- und Zinkerzzug.

Am Nordrand der südlichen Kalkalpen läßt sich weithin ein Erzzug verfolgen, der im Osten bei Schönstein in Steiermark beginnt, mit dem Ursulaberg nach Kärnten eintritt, hier durch die Berge Petzen und Obir der Karawanken nach Windisch-Bleiberg fortsetzt und, nach einiger Unterbrechung, in Raibl wieder sehr erzreich ist. Westlich von Villach sind die Kalkalpen nach Norden vorgeschoben und führen bei Bleiberg und Kreuth einen seit Jahrhunderten ausgebeuteten Erzschatz, der auch an einigen anderen Orten (Kreuzen, Rudnig) bis zum Berge Jauken abgebaut wurde. Bei Ampezzo Cortina wurde auf italienischem Gebiete bis in die jüngste Zeit noch Zinkblende gewonnen. Es folgt dann eine Strecke, in welcher zwar Erze, doch nicht in entsprechender Mächtigkeit, gefunden wurden; erst in der Lombardei am Iseo- und Comosee treten wieder bauwürdige Lagerstätten auf. Dieser ganz ungewöhnlich lange Erzzug, welcher in Kärnten zu Mies, Raibl, Bleiberg-Kreuth im schwunghaften Abbau steht, führt die Erze durchweg in demselben Kalkhorizont, dem sog. Wettersteinkalk der oberen Trias, und zwar in der Nähe der ihn überlagernden Raibler- oder Carditaschichten. Eine andere Eigentümlichkeit ist die, daß der Bleiglanz praktisch silberfrei und von dem sonst seltenen Gelbbleierz (Wulfenit) begleitet ist. Eine weitere Übereinstimmung in diesem langen Zuge liegt in der Form der Lagerstätten, welche in den meisten Fällen ein wirr verzweigtes Netz von Schläuchen und Säulen bilden, seltener, und diese begleitend, als Platten auftreten. Die Ausdehnung der Schläuche und Säulen, welche meist parallel zur Schiefergrenze einfallen, ist sehr verschieden, der horizontale Querschnitt mißt einige bis zu 100 qm, in Raibl sogar über 1000 qm; auch das Anhalten in der Tiefe ist sehr verschieden und erreicht hier und da 100 m und darüber. Die Schläuche und Säulen, welche oft an die Scharung einer Schichtfläche mit einer Querkluft gebunden sind, bilden oft Erzzüge.

Mies.

Im südöstlichsten Teil Kärntens, am Südostfuße der 2114 m hohen Petzen, 8—9 km von der Eisenbahnstation Prävali der Linie Klagenfurt—Marburg, liegt das Bergrevier Mies. Verschiedene Einzelunternehmer trieben hier seit langem mit wechselndem, meist ungenügendem Erfolg Stollenbau, weshalb die besten Kenner dieser Bleibergbaue in der zweiten Hälfte des 19. Jahrhunderts diesen jede bessere Zukunft absprachen und vor jeglicher weiteren Tätigkeit warnten. Die Bleiberger Bergwerksunion vereinigte später all diese kleinen Betriebe in ihrer Hand, ihre systematischen Arbeiten, vom bergmännischen Glück begünstigt, lehrten bald die Unhaltbarkeit jener Schwarzseherei, und Mies entpuppte sich als ein sehr reiches, ergiebiges Erzrevier. Zur Verarbeitung der vielen Erze mußte eine Aufbereitung gebaut werden, welche die größte und modernste im alten Österreich war. Die Erträgnisse der Mies überflügelten bald jene von Bleiberg-Kreuth.

Die relativ geringen Dimensionen der Erzschläuche werden durch ihre große Zahl und ihre häufige Vereinigung zu Erzzügen reichlich ausgeglichen.

Die Erzeugung des Mieser Bergreviers betrug:

im Jahre	Bleierz	Blei	Zinkerz
1910	85 808 q	34 385 q	427 q
1911	94 448 „	36 931 „	100 „
1912	105 931 „	46 644 „	363 „
1913	87 304 „	43 623 „	574 „
1914	95 236 „	40 050 „	125 „
1915	152 627 „	102 311 „	915 „

Überdies wurde Gelbbleierz (Wulfenit) gewonnen und nach Deutschland zur Erzeugung von Molybdänpräparaten verkauft:

Wulfenitkonzentrate

	t	Gehalt an MoO_3 %	Wert K
1910	122,6	29,00	83 613
1911	89,4	26,00	59 290
1912	146,0	27,00	105 777
	37,7	27,00	27 313 [1]
1913	86,2	27,00	80 915
	15,2	13,00	6 868 [1]

Eisenkappler Revier.

Am Südost- und Südgehänge des 2141 m hohen Obir waren durch viele Jahre zum Teil in bedeutender Seehöhe Stollenbaue auf Bleierze in Betrieb, ohne einen durchschlagenden Erfolg zu erreichen; das sporadische Mitvorkommen von Vanadinit ist bemerkenswert. Am Fuße dieses Berges liegt der Markt Eisenkappel; von hier weist die offizielle Statistik folgende Erzeugungen an Bleierz aus:

1910	2 490 q	1913	582 q
1911	387 „	1914	1 046 „
1912	514 „	1915	559 „

Bei Windisch-Bleiberg, 16 km südsüdwestlich von Klagenfurt, sind alte Bleibergbaue, welche seit etwa 30 Jahren außer Betrieb sind.

Raibl.

Im südwestlichen Kärnten nahe der Grenze gegen Italien und dem Küstenlande gelegen. Der stollenmäßige Bergbau bewegt sich im sog. Königsberg und wird vom Aerar und von den Grafen Henckel von Donnersmarck-Beuthen betrieben. Das plattenförmige Vorkommen mit bis 3 m Mächtigkeit und über 100 m Streichen, sowie die großen horizontalen Querschnitte der Erzschläuche zeichnen das Raibler Vorkommen aus. In der Nähe der nordsüdlich streichenden Verwerfungen mit bis 60 m Sprunghöhe liegen die reichen platten- und säulenförmigen Erzmittel im dolomitischen Kalk vorwiegend in der Nachbarschaft des Raibler Schiefers; annähernd parallel zu seiner Grenzfläche schieben sich die Erzzüge mit 45° nach Süden in die Tiefe. Man unterscheidet hier zwei Reviere; das eine führt fast nur Galmei mit wenig Bleiglanz, gegen den Tag in Brauneisen übergehend, das andere Bleiglanz und

[1] Molybdänhaltige Schlacke.

Zinkblende und, nur zu oberst, auch Galmei. Die Erzvorkommen sind durch mehrere Stollen vom Raibler Tal aus und dem Gehänge des Königsberges erschlossen; doch der tiefste, der Prether Unterbaustollen, hat sein Mundloch im Küstenland und bringt gegenüber dem tiefsten Raibler (Caroli-) Stollen 314 m Saigerhöhe ein (Tabellen A u. B).

A. Erzeugung des Staatswerkes in Raibl.

Jahr	Galmei q	%	Zn-Inh. q	Zinkblende q	%	Zn-Inh. q	Bleierz q	%	Pb-Inh. q	Blei q
1908	24 355	35,7	8 695	68 081	39,7	27 028	6 288	70,3	4 420	3 967
1909	29 039	33,4	9 699	94 440	39,1	36 926	6 076	69,0	4 192	3 579
1910	27 596	34,4	9 493	119 531	39,8	47 573	9 831	70,8	6 941	10 045
1911	24 554	33,3	8 176	120 374	40,1	48 270	9 598	72,8	6 987	16 014
1912	28 242	33,2	9 376	124 110	38,8	48 155	9 662	70,7	6 831	16 256
1913	40 132	30,9	12 398	123 232	38,7	47 691	12 015	71,0	8 531	20 351
1914 1. Hj.	13 815	29,3	4 048	69 432	38,8	26 940	5 000	70,5	3 525	7 050
1914/1915	15 976	29,6	4 729	114 308	40,1	45 837	13 052	71,0	9 267	9 070
1915/1916	3 300	33,7	1 112	78 126	41,0	32 032	5 877	70,1	4 120	—
1916/1917	7 650	34,5	2 639	184 988	39,7	73 440	12 124	70,4	8 535	—
1917/1918	2 110	36,5	749	137 402	39,88	54 796	6 442	71,5	4 606	—
30. 6. bis 31. 10. 1918	170	—	—	42 995	—	—	1 926	—	—	—

B. Erzeugung der Werke der Grafen Henckel von Donnersmarck in Raibl.

	Bleiglanz	Galmei	Zinkblende
1910	16 155 q	11 080 q	107 011 q
1911	19 562 „	12 140 „	105 766 „
1912	18 548 „	13 200 „	106 327 „
1913	18 188 „	13 020 „	98 115 „
1914	17 897 „	9 505 „	87 346 „
1915	12 331 „	6 540 „	57 869 „
1916	15 461 „	5 300 „	84 625 „

Bleiberg-Kreuth.

Bleiberg liegt etwa 12 km westlich von Villach, Kreuth in weiterer Fortsetzung; es bildet ein zusammenhängendes Erzvorkommen, dem Streichen des hochgelegenen Bleiberger Tales parallel, das nördlich vom Erzberg eingeschlossen ist, welcher einen Luftsattel bildet, dessen Kern der erzführende Wettersteinkalk ist, der nördlich und südlich von Carditasschichten und darüber von Stinkkalk überlagert wird. Die Erzschläuche walten im Erzberg vor, welche der Scharung der Schicht- und der Kreuzklüfte entsprechen. Die Erzschläuche und deren Züge erstrecken sich bis zu 500 m Breite von der Schieferfläche, selten, daß sie in den Schiefer- und Stinkkalk übergreifen.

Von den Begleitmineralien seien Gelbbleierz, Flußspat, Markasit, Anhydrit erwähnt; die Galmeie sind großenteils schon abgebaut.

Die Erzeugung in Bleiberg-Kreuth betrug:

im Jahre	Bleierz	Zinkerze	Blei
1910	52 695 q	26 225 q	57 566 q
1911	53 164 „	19 689 „	65 765 „
1912	58 077 „	21 309 „	69 965 „
1913	59 464 „	19 460 „	69 597 „
1914	72 213 „	14 554 „	66 188 „
1915	86 543 „	7 251 „	54 723 „

Die Besitzerin, die Bleiberger Bergwerksunion, verarbeitete ihre hiesige Produktion und jene in Mies zum Teil in Kärnten auf Bleiweiß, Glätte, Mennige und Schrott.

Der nordalpine Blei- und Zinkerzzug.

Unter denselben geologischen Verhältnissen, wie in den südlichen Kalkalpen, treten auch in den nördlichen Blei- und Zinkerze im Wettersteinkalk auf, ja selbst die Gelbbleierze finden sich wieder; doch ist dieser nördliche Vorkommen nicht so reich wie das südliche. Es tritt insbesondere nördlich von Imst in Tirol bei Karröften, Nassereith und Bieberwies auf; weiter nach Osten begegnet man im gleichen geologischen Horizonte teils in Bayern, teils in Nordtirol bis in die Gegend von Annaberg bei Lilienfeld in Niederösterreich kleinen Vorkommen von Blei- und Zinkerzen, die in früheren Zeiten erfolglos in Betrieb genommen wurden.

Gewerkschaft Silberleithen bei Biberwier.

Hier tritt schlauchförmig vorwiegend Bleiglanz, untergeordnet Zinkblende und Galmei auf; doch weiter im Hangenden findet sich in Stöcken, Butzen und Lagern vorwiegend Galmei. Der Bergbau geht bis in das 16. Jahrhundert zurück, hatte zwar nie größere Bedeutung, doch wurden die Baue infolge des langjährigen Betriebes sehr ausgedehnt. Im Jahre 1914 wurden 3936 q, 1915 2878 q Zinkerze erzeugt.

Gewerkschaft Dirstentritt bei Nassereith.

Das Vorkommen ist mit jenem in Silberleithen sehr ähnlich, doch findet sich hier das Gelbbleierz reichlicher, während der Galmei zurücktritt, so daß der Bleiglanz das vorwiegende Erz ist. Der Bergbau wurde nach längerem Stillstand vor einigen Jahren wieder in Betrieb gesetzt.

Karröstеn bei Imst.

Dieses Vorkommen wurde erst 1914 der Imster Bergbaugesellschaft verliehen und ist durch das häufige Auftreten der Gelbbleierze ausgezeichnet, von welchen im Jahre 1915 24 q im Werte von 17 518 Kronen erzeugt wurden.

In diesem Zuge liegen noch die Bergbaue Nägelseckar bei Elpwald, Haverstock und Feigenstock bei Nassereith, Fürst Bismarck bei Farrenz und Emma bei Imst. Sie sind seit Jahren eingestellt, obwohl bei manchen die Aussichten für die Aufnahme eines kleinen Betriebes nicht ungünstig sind.

Der mittelsteirische Blei- und Zinkerzzug.

Das sog. Grazer Devonbecken, das auch ältere Schichten einschließt, beginnt zu unterst mit einem mächtigen Komplex von Phylliten, wovon ein Teil graphitisch ist. Derselbe enthält Bleiglanz und Zinkblende in Lagern, die metasomatischer Entstehung sind; sie wurden und werden an mehreren Orten abgebaut. Dieser Erzzug beginnt nördlich von Weiz bei Haufenreith und Arzberg, setzt über Kaltenberg, Burgstall mit westlichem Streichen nördlich vom Schökel fort, woselbst er durch alte, verfallene Baue und Ausbisse erkenntlich ist, setzt bei Deutsch-Feistritz an der Mur wieder ein, und streicht über Rabenstein, Thalgraben bis Guggenbach bei Übelbach fort. Die Lager halten im Streichen und Verflächen verschieden an; auch ihre Mächtigkeit ist verschieden und schwillt örtlich bis zu 3 m an. Der Bleiglanz enthält 36—48 g Silber in 100 kg. Als Lagerart tritt teils Quarz, teils Kalk- und Schwerspat, Schwefelkies und Magneteisen auf. Das Nebengestein ist durchweg standhaft und mittelfest.

Im östlichen Teil dieses Zuges ist das langbebaute Vorkommen bei Arzberg das bedeutendste und durch mehrere Stollen erschlossen; über der Talsohle sind sechs Lager fast durchweg abgebaut, und nur noch in einem, Firstenbau, ist eines, und zwar sehr günstig, zu beleuchten. Unter die Talsohle drang der Abbau wegen des Wassers nur etwa 10 m tief vor. Der Bergbau, Herrn M. Asiel in Wien gehörend, beabsichtigt, die Tiefe zu untersuchen.

Die Baue westlich der Mur sind Eigentum der Ludwigshütte-Bergwerks-Ges. m. b. H.; von diesen steht gegenwärtig nur der Stollenbau Rabenstein im Betriebe, in welchem drei Lager mit einer Mächtigkeit von wenigen Zentimetern bis 1,5 m abgebaut werden, die mit 72—75 ° nach Südosten einfallen. Auch hier ist die Tiefe noch nicht untersucht. Die Entwicklung dieses westlichen Teiles des Erzzuges wurde wiederholt durch den Wechsel des Besitzers unterbunden. Rabenstein erzeugte:

Jahr	Bleiglanz	Blende
1914	322 q	9 152 q
1915	498 „	4 790 „
1916	847 „	9 562 „
1917	576 „	7 562 „

Die Entwicklung dieses 30 km langen mittelsteirischen Blei- und Zinkerzzuges ist heute durch die horrenden Arbeitslöhne fast zum Stillstand gebracht.

Vereinzelte Blei- und Zinkerzvorkommen.

Schneeberg in Tirol[1].

Dieser dem Staate gehörende Bergbau liegt in 2230 m Seehöhe, westlich von Sterzing am Südabhang der Stubaier Alpen. Man unterscheidet im allgemeinen einen Hangend- und Liegendgang und ein Quertrum, welche in Glimmerschiefer, Gneis und anderen kristallinen Schiefern aufsetzen. Sie führen vorwiegend Zinkblende, untergeordnet silberhaltigen Bleiglanz und Kupferkiese, welche ebenfalls gewonnen werden, ferner Magnet- und Schwefelkies und vereinzelt verschiedene Sulfide; Kalk-, Flußspat, Dolomit, Apatit, Glorit, Granat, Glimmer sind die Gangarten. Die Mächtigkeit der Gänge schwankt zwischen einer meist nur quarzführenden Kluft und 15 m und ist im Mittel 1,2 m. Die Gänge sind im Streichen auf etwa 1000 m, im Verflächen auf 300 m bekannt. Die Erzeugung an Zinkblende war 1914 1691 t, 1915 992 t, 1916 1350 t. Dermalen sind umfangreiche Aufschlußarbeiten im Gange.

[1] In Deutsch-Südtirol gelegen.

Rabenstein im Sarntal[1].

Im Glimmerschiefer streicht ziemlich regelmäßig ein im Mittel 1,5 m mächtiger Gang, dessen Füllung fast ausschließlich Flußspat ist: seine Kristalle werden zu optischen Zwecken verwendet. Bleiglanz und Zinkblende kommen eingesprengt oder derb vor. Während des Krieges wurde nur Flußspat gewonnen. Der Bergbau ist Eigentum von Fritz Heigl in Innsbruck und der Erben nach K. Tschurtschenthaler in Bozen.

Meiselding bei Dreibach (Kärnten).

Hier treten einige Gänge und Imprägnationen mit silberhaltigem Bleiglanz im Phyllit auf.

3. Kupfererze.

Der Kupfererzzug der nördlichen Grauwackenzone.

Der steirische Spateisenzug wird ab und zu von Kupfererzen begleitet, so am Dürnsteinkogel in der Veitsch, woselbst in einem Wechsel von karbonem Kalk und Phyllit eine bis 1,5 m starke metasomatische Quarzlagerstätte mit Kupferkies und Fahlerz auftritt. In der Radmer in der Hisel ist das Spateisen stellenweise reichlich mit Kupferkies durchsetzt, der seinerzeit auch gewonnen wurde. Im Jahre 1600 wurden 2,800 g Kupfer erzeugt; später ersoff die Grube. Dieser Zug endet westlich bei Selztal; weiter westlich im

Walchengraben bei Oeblarn

treten an der Basis der paläozoischen Quarzphyllitzone drei Kieslager auf, wovon das Walchener Lager 19—114 cm mächtig ist; die beiden anderen vereinigen sich zu 1—3 m Mächtigkeit. Sie führen vorwiegend Schwefelkies und weniger Kupferkies, untergeordnet Magnetkies, Bleiglanz, Zinkblende, Fahlerz u. a. m. Der Kupfergehalt der Lagerstätten nahm mit der Tiefe von 6 Proz. auf 1 Proz. ab und ist in dem jetzt bebauten Horizont etwa 1 Proz., weshalb der einstige Kupferbergbau in einen Schwefelkiesbergbau (Schwefelgehalt durchschnittlich 49 Proz.) überging. Auch der Gehalt an göldisch Silber nahm von 18 g im Doppelzentner auf 6 g ab.

Nach einer langen Unterbrechung in westlicher Fortsetzung erscheint Kupferkies am

---

[1] In Deutsch-Südtirol gelegen.

Mitterberg[1] (Salzburg).

Dieser in der Nähe der Staatsbahnstation Bischofshofen gelegene Bergbau ist einer der ältesten Erzbergbaue Europas, da er von den Kelten in 1600 m Seehöhe intensiv betrieben wurde; ihre alten Verhaue sind auf eine Länge von 1500 m bekannt und erreichten wiederholt bis 80 m Tiefe. Sie haben das Gebiet plötzlich verlassen, in der Hoffnung auf Wiederkehr, denn einer ihrer Einbaue zu reichen Erzen wurde sorgfältig verdämmt und darin fand man verschiedene Werkzeuge. Dann ruhte der Bergbau bis 1827.

Das Kiesvorkommen liegt in den Silurschichten der Grauwackenzone, aus verschieden gefärbten Tonschiefern, aus chloritischen und serizitischen Schiefern, Konglomeraten und Sandsteinen bestehend, die mit 75—80° nach Süden einfallen. Die Erzgänge schneiden diese Schichten unter einem sehr spitzen Winkel im Streichen und Fallen und liegen streckenweise in ihnen; sie sind durch Faltungen und Verwürfe wiederholt gestört. Der Hauptgang gabelt sich, so daß man in den oberen Horizonten drei Gänge von 500 m, 170 m und 300 m streichender Länge unterschied. In der Tiefe sind in der Regel stets zwei sich schleppende Vorkommen vorhanden, welche zwei verschieden alten Gängen entsprechen; der eine führt Quarz, der andere Spateisen als Gangart; der letztere ist der jüngere Gang und verschwindet in der Tiefe. In der Regel sind die beiden Gänge so nah, daß sie gemeinsam abgebaut werden können. Die Mächtigkeit des Ganges schwankt zwischen 0,15 und 2 m und ist im großen Durchschnitt 1,125 m; die auf Derbkies reduzierte Mächtigkeit ist 0,202 m mit 13,04 Proz. Kupfer. Der Kupferkies tritt als rauhe Imprägnation bis zu Derberz als Bänder, Nieren wechselnd auf. Der Nettokupfergehalt der Roherze war in den Jahren 1908—1916 3,09 Proz. Zufällig treten im Gang auch Fahlerze, Arsenkies, Kobalt- und Nickelminerale auf.

Am 1. Januar 1917 waren 99 411 qm Abbaumittel vorgerichtet, einem Erzwert von 10 980,82 t Kupfer entsprechend. Die Ausbisse des Hauptganges reichen bis 1652 m Seehöhe; er ist bis 1281 m größtenteils abgebaut. Von der Mühlbacher Talsohle (825 m Seehöhe) wurde der 3120 m lange Emilstollen im Jahre 1917 mit dem Schacht durchschlägig, so daß eine saigere Abbauhöhe von rund 450 m erschlossen wurde. Er durchfuhr zehn Gänge, wovon jene bei 706 m, 2850 m

[1] L. Henker: Denkschrift. 1916/17.

(Mitterberger Hauptgang) und bei 2904 m Stollenlänge derbe Kupferkiese im frischen Anbruch zeigen. Die Auslängen im Hauptgang fanden besonders westwärts reiche abbauwürdige Erze. Die anderen Gänge wurden bisher nicht untersucht. Das wahrscheinliche, durch den Emil-Tiefbaustollen aufgeschlossene Erzvermögen (ohne Westfeld und ohne eventuelle Fortsetzung des Ganges östlich der Verschwefelungszone) birgt 74 096,24 t Kupfer.

Die Kupfererzeugung der Hütte betrug:

im Jahre	1910	1 174,62 t	im Jahre	1914	1 816,28 t
" "	1911	1 339,43 "	" "	1915	1 805,23 "
" "	1912	2 145,79 "	" "	1916	1 605,34 "
" "	1913	2 406,43 "			

Von den Betriebsresultaten seien die des letzten Friedensjahres 1913 mitgeteilt:

Erzführender Ausschlag der Grube	Grubenhauwerk	Aufbereitung: Konzentrate	Hütte: erzeugtes Kupfer
73 718 m³	58 167,5 t	14 212,6 t	2 406,43 t

Ausbringen pro 1 m³ erzführender Ausschlag an			Nettokupfergehalt der Roherze
Roherz	Aufbereitungsgut	fertigem Kupfer	
789 kg	192,7 kg	32,64 kg	4,13 %

Wie bereits erwähnt, wurde das Erzvorkommen erst 1827, und zwar von einem Bauer wieder entdeckt, worauf sich zur Ausbeutung eine Gewerkschaft bildete, die mit wechselndem Erfolge baute und im Jahre 1906 ihren Besitz einer englischen Gesellschaft „Mitterberger Copper Company Lim.“ verkaufte, die mit 2 000 000 Kronen Aktienkapital gegründet wurde, jedoch schon 1907 zusammenbrach. Unter Führung des Dr. Arthur Krupp bildete sich die jetzige Mitterberger Kupfer-Aktiengesellschaft, welche das Unternehmen rasch sanierte und in Ertrag brachte und den Bergbaubetrieb zu großer Blüte hob. Diese kurze Geschichte ist sehr lehrreich; ein von der Natur gut fundiertes Unternehmen wurde von den Engländern arg diskreditiert und durch den Unternehmungsmut eines einzelnen gerettet und zum Gedeihen gebracht.

Westlich von Mitterberg begegnet man im Pinzgau (Salzburg) eine Reihe aufgelassener Kupferbergbaue in der Grauwackenzone; so am Lun- und Limberg und bei Piesendorf (südwestlich von

Zell am See); es sind hier mehrere Lagergänge bis zur Talsohle abgebaut worden. Weiter talaufwärts, bei Mühlbach, wurden im Bresental drei Kieslagen bei etwa 70 m unter der Talsohle verhaut, welche 1—6 m mächtig waren und Quarz und Schwefelkies, von Kupferkies durchzogen, führten. In der Nähe im unteren Sulzbachtal ist ein Lagergang im Grünschiefer in mehr als 1000 m Seehöhe von den Alten bis auf 60 m Tiefe abgebaut worden. Nordwestlich von Zell am See, bei Viehhofen, wurde in neuester Zeit ein alter Kupferbergbau wieder in Angriff genommen.

Bei Kardeis im Großarltale (Salzburg) sind im Chloritschiefer zwei kiesführende Lager oder Lagergänge bekannt, wovon der untere bis 2 m Mächtigkeit erreicht.

Kitzbühel in Tirol.

Hier besitzt der Staat eine Reihe von Kupferkiesvorkommen, Schattberg, Kelchalpe, Sinnwell und Kupferplatte, welche gangförmig im silurischen Tonschiefer auftreten und im Streichen und Verflächen wiederholt wechseln. Die Mächtigkeit schwankt zwischen wenigen Zentimetern und 4 m. Der Kupferkies tritt mit wenig Pyrit entweder als einzige Gangfüllung auf oder es sind die Erze in Quarz eingesprengt. Die Betriebe waren eingestellt, doch wurde jener auf der Kupferplatte im Jahre 1915 mit Erfolg wieder aufgenommen.

Kogel bei Brixlegg (Tirol).

Eine stockwerkartige Lagerstätte im stark zerrütteten Dolomit. In Schwerspat findet sich das Kupferfahlerz meist derb. Der Metallgehalt ist schwankend. Die aufgeschlossene Erzmenge ist gering, das Vorkommen wurde noch nicht unter der Talsohle verfolgt. 1915 wurden etwa 200 t, 1916 nur 83 t Fahlerz gewonnen. Eigentümer ist der Staat.

Falkenstein bei Schwaz im Inntal (Tirol).

Ein Lagergang im Dolomit ist einige Meter mächtig und zu stockartigen Massen zerrissen. Er führt Antimonarsen-Fahlerz mit 40 Proz. Kupfer und wenig Silber; er ist, abgesehen vom Spateisen, nahezu frei von Gangarten und bildet bis 50 cm starke Ausscheidungen; überdies findet sich Kupferkies, Bournonit und Bleiglanz. Die Ausdehnung des Ganges ist noch unbekannt, obzwar hier schon im 16. und 17. Jahrhundert ein ausgedehnter Bergbau betrieben wurde, der bis 900 m vertikale Ausdehnung erreichte und große Zechen zurückließ. 1915 wurden 218 t, 1916 310 t Fahlerze erzeugt; während des Krieges wurde der Betrieb durch die Gewerkschaft Schwazer Bergbauverein weiter ausgestaltet, wodurch voraussichtlich die Erzeugung erhöht werden wird. Wie bereits erwähnt herrscht im Falkenstein in den oberen Horizonten das Spateisen, in der Tiefe das Kupfererz vor, ein sprechender Beweis für die innige genetische Beziehung zwischen diesen beiden Erzzügen der nördlichen Grauwackenzone.

Vereinzelte Kupfererzlagerstätten.

Serfaus im Oberinntal (Tirol).

Hier wurde in früheren Jahrhunderten ein Fahlerzbergbau betrieben, der aus unbekannten Gründen rasch zum Erliegen kam. Die Gewerkschaft Rotenstein in Imst hat vor wenigen Jahren auf Grund einiger Aufschlußarbeiten eine Verleihung erwirkt, doch infolge des Krieges die Arbeiten nicht fortsetzen können.

Pfundererberg bei Klausen (Deutsch-Südtirol).

In gneisartigen Gesteinen, Phylliten und Diabas treten Gänge als Zerrüttungszonen auf. In den Schiefern kommt sog. Feldstein vor, aus Quarz, Orthoklas, gelegentlich auch aus Plagioklas und Turmalin bestehend; in diesem führen die Gänge Kupferkies und Pyrit, im Diorit überdies silberarmen Bleiglanz und Zinkblende. Die Gangarten sind Kalkspat, Quarz und Spateisen. Der bereits im Mittelalter betriebene Bergbau ist Staatseigentum und seit etwa 10 Jahren eingestellt.

Prettau im Ahrntal (Deutsch-Südtirol).

In Bruneck an der Pustertalbahn zweigt die Tauferertalbahn ab, von ihrer Endstation Sand ist 27 km entfernt der Bergbau, der vor etwa 30 Jahren aufgelassen wurde. Im Quarzphyllit sind mehrere nach Nordosten streichende Chloritschieferzüge eingelagert, welche fünf Erzlager von 2,5 m bis 12 m Mächtigkeit führen und verschieden lang, 20 m bis 100 m, streichend aufgeschlossen sind. Im Verflächen ist der Aufschluß etwa 700 m. Die Erzlager bestehen aus sehr mildem Chloritschiefer, in welchem Kupfer- und Schwefelkies derb oder in Körnern und Blättchen ausgeschieden sind; als Begleiter finden sich Magneteisen, Eisenglimmer, Rutil, Arsenkies, Kupfernickel, Quarz und Kalkspat. Die Erzlager haben keine scharfe Grenze, sondern gehen allmählich in den festen tauben Gloritschiefer über. Der durchschnittliche Kupfergehalt des Erzlagers ist kaum 2,5 Proz. Der Aufschluß erfolgte mittels sechs Stollen in 1492 m Seehöhe (Talsohle) bis zu 1950 m Seehöhe.

In Seekar (Salzburg), auf der Höhe der Radstätter Tauern, ist ein alter Kupferbergbau, der in neuerer Zeit wieder in Angriff genommen wurde. Ein Gang, der übertags auf etwa 1,5 km streichend verfolgbar ist, führt Fahlerz und Kupferkies mit Karbonaten und Quarz. Ein zweiter paralleler Gang ist bekannt, doch wenig aufgeschlossen. Da bisher vorwiegend nur Aufschlußarbeiten betrieben wurden, so ist die Erzproduktion noch gering.

Bei Muhr im Sungau (Salzburg)

wurde noch im Jahre 1851 Tagbau auf einen Kupferkiesgang betrieben, der örtlich 1—2 m mächtig war, im Chloritschiefer aufsetzt und sich im Streichen weit verfolgen läßt.

Gebiet des Iseltals

im östlichsten Tirol; es erstreckt sich von Lienz nach Nordwesten bis zum Fuße der Hohen Tauern. Daselbst wurden in jüngster Zeit bei Pregraten im Chloritschiefer Imprägnationslager von Schwefel-Kupferkies erschlossen, welche angeblich 3,5 Proz. Kupfer führen sollen. Das Gelände wäre für den Stollenbau günstig. In diesem Gebiete fand man auch in dem Virgener Wald Ausbisse und auf der Glauretalpe bei der Ortschaft Welzelach ging vor Jahrhunderten auf einem Erzlager in Chloritschiefer ein Bergbau auf Kupfererzen in 2200 bis 2400 m Seehöhe um. Da die Verhüttung in der Nähe erfolgte, die Erzlieferung kostspielig war und Brennstoffmangel eintrat, wurde der Betrieb zu Anfang des 18. Jahrhunderts aufgelassen. Dieses bisher wenig bekannte Gebiet scheint einer eingehenden Untersuchung wert zu sein.

Großfragant in Oberkärnten,

nördlich von Ober-Villach im Mölltale. Der 1770 m hoch gelegene Bergbau war von 1689 bis 1834 im Betrieb und wurde, da die vorhandenen Pumpen das Wasser des Tiefbaues nicht bewältigten, eingestellt, was 1894 durch den erfolgten Durchschlag des Unterbaustollens behoben wurde. Während des Krieges erwarb die Heeresverwaltung diesen Bergbau, baute die Wasserkraft aus, stellte entsprechende Förderverbindungen auch mit der Station Ober-Vellach der Tauernbahn her und begann mit dem Aufschluß der Teufe. Es sind drei

Lager bekannt, und zwar vom Hängenden zum Liegenden: 1. Haupt- oder Josefilager, 20 m tiefer; 2. das Liegendlager, 150 m, darunter 3. das Salvatorlager; letzteres ist ein 70—90 cm mächtiges Erzmittel mit zwei Dritteln Derberzen und einem Drittel Pochgänge. Über dem Salvatorlager folgen verschiedene Schiefer, zuletzt Grünschiefer und dann das Liegendlager, das bei großer Absätzigkeit geringe Mächtigkeit besitzt und gegen die Tiefe auskeilt. Es wird von Glimmerschiefer und von Grünschiefer überlagert; im letzteren tritt das Hauptlager als Imprägnation von Pyrit und Magnetit mit Quarz als Bindemittel auf; wiegt dieser vor, so stellt sich auch Kupferkies ein. Dieses Lager, nach Stunde 18—19 streichend, ist durchschnittlich auf 120 m Länge aufgeschlossen; die Derberze nehmen mit der Tiefe zu. Ein Hangendtrumm, das vielfach verschoben ist, führt 30—40 cm Erz. Der Betriebsleiter Ingenieur L. St. Rainer hält die Lagerstätten für magmatische Ausscheidungen aus Grünschiefer vom Typus der norwegischen Kiesvorkommen in Erzlinealen, die im Streichen wenig über 100 m, im Verflächen jedoch bedeutend länger anhalten. Die Derberze mit den aufbereiteten Graupen und Schlichen zusammen halten durchschnittlich 41 Proz. Schwefel, 40 Proz. Eisen und 2 3/4 Proz. Kupfer. An sichtbaren Erzen sind aufgeschlossen: 3120 t Derberze, 5395 t Quetsch- und Pocherze, als wahrscheinlich können 6134 t Derberze und 7455 t verwachsene Erze angenommen werden. Dieser neue Bergbaubetrieb ist in weiterer Entwicklung begriffen und benötigt eine entsprechende moderne Aufbereitung und die weitere Erschließung der Tiefe durch einen dem Mölltale möglichst naheliegenden Unterbaustollen.

Finkenstein in Kärnten

südlich vom Faakersee, treten im Kohlenkalk Fahlerzgänge mit 12 m mächtigen Imprägnationen auf, doch sind die Erze absätzig; bei Latschach begegnet man der Fortsetzung.

Im östlichen Kärnten wären noch die kleinen Kupfergruben bei Schwabegg an der Drau, am Lambrechtsberg bei Ettendorf im Lavanthal und bei Lading im Ostgehänge der Saualpe, woselbst die Venetianer Kupfer gewonnen, zu erwähnen.

Flatschach in Steiermark bei Knittelfeld im oberen Murtale. In dieser Gegend treten im Hornblendegneis mehrere steile, ostwärts streichende Gänge auf, welche in Quarz, seltener in Kalkspat, Kupferkies und Arsenkies führen. Die Kupferhalt war im

Mittel etwa 15 %; das Kupfer war auch gold- und silberhaltig; trotzdem wurde der Bergbau, der 1722 bis 280 g Kupfer erzeugte, wegen der Absätzigkeit der Mittel aufgelassen. Die Wiederbelebungsversuche vor einigen Jahren verliefen erfolglos.

Kallwang in Obersteiermark

an der Bahnstrecke St. Michael—Selztal gelegen. Im karbonen graphitischen Schiefer ist eine 0,3—1,2 m mächtige Erzmasse eingeschlossen, welche auf 3500 m streichend und auf 300 m im Verflächen verfolgt wurde. Sie führt vorwiegend Schwefelkies, auch Magnet- und Kupferkies, letzteren besonders im Hangendteil der Lagerstätte. Der Betrieb war seit 1469 bis zum Jahre des Auflassens 1867 als Kupferbergbau geführt.

Kupferproduktion in den deutsch-österreichischen Alpenländern.

Kupfer im Jahre 1915:

Land	Menge in q	Wert in K	Wert von 1 q vom Erzeugungsort
Salzburg	49 060[1]	18 175 911	370,48 K
Tirol	1 591	437 525	275,00 „
	50 651	18 613 436	

Kupfervitriol im Jahre 1915:

Land	Menge in q	Wert in K	Wert von 1 q vom Erzeugungsort
Salzburg	86	25 672	298,51 K
Tirol	6 322	632 200	100,00 „
	6 408	657 872	

		1906	1908	1910	1911	1912	1913	1914
Salzburg und Tirol in q .	Kupfer . .	8 766	6 828	14 675	17 608	30 572	36 845	36 428
	Kupfervitriol	5 775	5 562	7 150	7 672	8 839	8 966	8 764

Diese Zahlen beweisen, daß unsere Kupfererzeugung sehr entwicklungsfähig ist.

[1] Hiervon 28 965 q Raffinadkupfer im Werte von 10 137 887 K und 20 095 q Elektrolytkupfer im Werte von 8 028 024 K.

4. Das Gold.

In den Hohen Tauern.

In Salzburg und Kärnten waren in den Hohen Tauern im Mittelalter bis etwa zum Jahre 1600 viele Edelmetallbergbaue in großer Blüte; gegen das Ende des 16. Jahrhunderts kamen sie da wie dort in raschen Verfall und im Jahre 1600 waren die meisten eingestellt. Dies fällt mit der Gegenreformation zusammen; die Arbeiter und Gewerken waren fast durchweg Protestanten, die lieber das Land als den Glauben verließen und auswanderten. Überdies machte sich die Goldeinfuhr aus Amerika stetig mehr fühlbar, welche den Goldpreis drückte. Die besonders vom Staate in Salzburg unternommenen Wiederbelebungsversuche hatten nur bescheidenen Erfolg und wurden vor etwa einem halben Jahrhundert eingestellt.

Die gewöhnlich sehr schmalen Gänge treten meist im Granitgneis, auch in anderen kristallinen Schiefern auf; sie führen Freigold in Quarz fein verteilt, vorwiegend goldhaltigen Pyrit, Kupfer- und Arsenkies, verschiedene Silbererze und andere Sulfide. Das Nebengestein der Gänge ist mehr oder weniger mit Erzen imprägniert.

Im Salzburgischen waren die drei Goldbergbaue in der Rauris, am Rathausberg und am Naßfeld bei Böckstein in der Nähe von Bad Gastein am längsten in Betrieb und sind jetzt der Gewerkschaft Rathausberg in Böckstein verliehen; hiervon ist nur der Bergbau

im Naßfeld

im Betrieb. Der Imhof-Unterbaustollen liegt in 1625 m Seehöhe und hat bereits neun Erzgänge durchörtert. Der Schlichfall des Rathausganges ist 2—3 Proz., hingegen jener des Hauptgangsystems 9—12 Proz. Der Halt der Derberze beträgt durchschnittlich 35 g Gold und 200 g Silber in der Tonne, ist somit sehr reich. Infolge späterer Bewegungen ist das Gebirge und auch die Gangfüllung zerrüttet, weshalb viel feines Mittelerz fällt. Das Fördergut hatte bei minderer Arbeit nur 8 g Gold in der Tonne, wird jedoch durch Einführung der mechanischen Schrämmarbeit auf 10—12 g erhöht werden. Es ist jetzt bei 10 Proz. Verlust 26 800 t Fördergut mit 10 g Gold aufgeschlossen. Die wahrscheinlich über der heutigen Sohle in einem Gang vorhandene Erzmenge wird auf 420 000 t mit 5000 kg Gold geschätzt.

Die Erzeugung mittels einer provisorischen Versuchsaufbereitung bis zu täglich 20 t Pochgut war (siehe Tabelle S. 103):

Zeit	Hauwerk gefördert	Schlich	erzeugte Produkte						
			Gold		Silber				
			Amalgam	Schlich	Amalgam	Schlich	Arsen	Schwefel	Blei
	Tonnen		Kilogramm						
1. 9. bis 30. 6. 1916/17	3007	284,8	6,5	11,1	1,8	100,0	52 332	—	—
1. 7. „ 30. 6. 1917/18	6519	558,5	14,8	23,0	4,1	246,5	93 272	57 661	—
1. 7. „ 31. 12. 1918[1]	867	100,6	1,5	2,9	0,5	26,3	14 842	29 560	1954
			22,8	37,0	6,4	372,8	160 446	87 221	1954
			59,8		379,2				

Es ist zu erwarten, daß der Bergbau einen glücklichen Aufschwung nehmen wird, sobald sich die Arbeiterverhältnisse ordnen werden.

Auf dem Südgehänge der Hohen Tauern, in Kärnten, sind bis zum Katschberg viele alte Stollen und zum Teil auch große Halden bekannt; auch Aufschreibungen über die Gold- und Silbererzeugung dieses Gebietes sind erhalten; alles deutet auf einen einstigen schwunghaften und örtlich auch erfolgreichen Bergbaubetrieb hin. Es ist klar, daß die Alten, bevor sie ihre Bergbaue verließen, alle anstehenden Erzmittel noch gewannen, so daß man nicht erwarten darf, daß man solche bei der Gewältigung der alten Stollen anstehend finden wird. Man wird bei der Wiederaufnahme des Betriebes nach erfolgter gründlicher Orientierung neue Aufschlüsse, zumeist durch tiefer angesetzte Stollen, machen müssen. Diesen Unternehmungen kommt zugute, daß wir jetzt die Edelmetalle der Kiese — das Hauptgolderz — mittels des Cyanidprozesses fast vollständig extrahieren können, während die Alten vorwiegend auf die Gewinnung von Freigold angewiesen waren.

In diesem Kärntner Gebiete versuchte in den 70er Jahren des vorigen Jahrhunderts Freiherr May de Madiis die hohe Goldzeche in der Gletscherregion zu gewältigen, gab jedoch, nach mehrfachem Mißgeschick — so z. B. wurde die kaum fertiggestellte Aufbereitung von einer Lawine weggerissen — diesen Versuch, der größere Geldmittel und mehr Umsicht erheischt hätte, wieder auf.

In Kärnten war einst auch in der Kreuzeckgruppe, zwischen der Möll

[1] Die Aufbereitung war 1918 wegen Arbeitermangel nur zeitweise im Betrieb und mußte nach dem Umsturz eingestellt werden.

und Drau, ein schwunghafter Bergbau auf Edelmetalle; in jüngster Zeit treibt die Carinthia-Gewerkschaft in der Goldzeche am Fundkofel mit bescheidenen Mitteln einen höfflichen Bergbau auf goldhaltigen Arsenkies in einem zertrümmerten Gang, der auch Freigold und Schwefelkies führt; er setzt in Hornblende- und Glimmerschiefer auf.

Auch in der Kliening bei St. Leonhard im oberen Lavanttale (Kärnten) war einst ein ergiebiger ausgedehnter Goldbergbau im Betrieb.

Heinzenberg bei Zell am Ziller (Tirol),

südlich von Jenbach. Im Phyllit setzen neun Lagergänge von durchschnittlich 2 m Mächtigkeit auf. Der reiche Gangquarz soll 35—144 g, der arme Quarz 17 g und der Schiefer 1,8 g Gold in der Tonne ergeben haben. Dieser alte Bergbau wurde 1899 wieder mit ganz unzureichenden Mitteln aufgenommen und bis 1908 betrieben. Er ist nun im Besitz des F. Reitlinger in Jenbach.

Es sei noch erwähnt, daß die Kupferhütte der Mitterberger Kupferaktiengesellschaft in Außerfelden (Salzburg) bei der Erzeugung von Elektrolytkupfer auch Edelmetalle gewinnt, so z. B. im Jahre 1915 12,971 kg Feingold im Werte von 46 696 Kronen und 2286,861 kg Feinsilber im Werte von 274 423 Kronen. — Auch bei der staatlichen Kupferhütte Brixlegg in Tirol wurden 1915 4,800 kg Feingold und 400,7 kg Feinsilber erzeugt.

Der ungewöhnlich hohe Wert des Goldes läßt die Wiederaufnahme des alpinen Goldbergbaues als gewinnbringend erscheinen; ein entsprechender Erfolg würde unsere Valuta günstig beeinflussen.

5. Antimonerze.

Der Bergbau Lesnik der Carinthia-Gewerkschaft in Kärnten wurde im April 1915 nach langem Stillstand wieder in Betrieb gesetzt und erzeugte in diesem Jahre 293 q Antimonerze im Werte von 8799 Kronen. 132 q wurden ins Ausland abgesetzt. Bei Nikolsdorf in Tirol wurde 1915 ein alter Antimonbergbau gewältigt.

6. Arsenikerze

wurden in Rothgülden (Salzburg) gewonnen; doch steht dort der Bergbau seit langem außer Betrieb.

7. Chromerze

finden sich eingesprengt oder in Knollen und Butzen im Serpentin bei Kraubath in Obersteiermark. Der Bergbau, meist Tagbau, wurde wiederholt aufgenommen und eingestellt. Im April 1915 begann neuerdings der Betrieb, der in diesem Jahre 1315 q Chromeisenerz mit 7 Arbeitern erzeugte. Da der Gehalt an Chromoxyd unter 45 Proz. war, war das Erz nicht verkaufsfähig.

8. Manganerze

wurden vordem in Großveitsch (Obersteiermark) und bei Uggowitz (Kärnten) gewonnen; doch sind die Baue seit langem eingestellt.

9. Quecksilbererze

auf Zinnober wurden in Kärnten sowohl im Buchholzgraben bei Paternion, als auch bei Reichenau nahe der steirischen Grenze wiederholt in geringem Maße gebaut; die Baue sind seit geraumer Zeit außer Betrieb.

10. Nickel- und Kobalterze.

Der 2600 m hochgelegene Bergbau bei Schladming (Obersteiermark) ist seit 1879 außer Betrieb. In Gneis und Glimmerschiefer treten Ni und Co führende Fahlbänder (Branden) auf, welche in der Scharung mit erzführenden Quarzgängen am reichsten sind. — In Salzburg finden sich zu Leogang in Spateisen und im Hoöbachtal Nickel- und Kupfererze, welche in jüngster Zeit wieder in Angriff genommen wurden.

11. Schwefelkies.

Pausendorf-Tessenberg bei Sillian

im Pustertal (Tirol). In einer Granatglimmerschieferzone kommt ein Schwefelkieslager vor, das nicht bloß in der Talsohle bei Pausendorf, sondern auch auf der etwa 1800 m hoch gelegenen Tessenberger Alpe bekannt und 1,5—4 m mächtig ist. Die Erzführung ist zumeist Schwefelkies mit Magnetkies und wenig Kupferkies. Der Gehalt des Erzes an Kupfer ist etwa 1 Proz., jener an Schwefel überschreitet beim Feinkies 40 Proz., während der Grobkies erst durch Aufbereitung auf 40 Proz. Schwefel gebracht werden muß. Dieser Bergbau wurde erst während des Krieges 1915 wieder angegriffen, eine Seilbahn zur Verladestation Abfaltersbach und eine Aufbereitung erbaut. Die Erzeugung an Kies war 1915 200 t, 1916 6000 t. Die Aussichten auf eine weitere Steigerung sind günstig.

In der Kreuzeckgruppe (Kärnten)

ist somit am Nord- als auch am Südabhang eine etwa 13 km lange Kieszone; die nördliche streicht vom Dechant (2200 m SH.) westlich über die Stollen Wella zur Lochalm; es ist ein 10 m mächtiges Kiesfahlband im Chloritschiefer, dessen Schlich 2,19 % Kupfer, 300 Gramm Silber und 20 Gramm Gold in der Tonne hält. Die südliche Zone streicht über die Knappenstube, führt stellenweise auch Arsenkies, wobei sich der Goldhalt bis auf 104 Gramm in 1 Tonne anreichert.

Frühere Kupferkiesbergbaue werden, da der Kupfergehalt mit der Tiefe bedeutend abnahm, jetzt als Schwefelkiesbergbaue betrieben, so z. B. Walchen[1] bei Oeblarn (Steiermark)[1], woselbst 1915 15 447 q Kiese erzeugt und in der Zellulosefabrik der Bergbaubesitzer in Niklasdorf bei Leoben verwendet wurden, ferner Kallwang[1], woselbst jetzt der Betrieb ruht. Auch der Kiesbergbau Schelesno bei Cilli (Untersteiermark) ist eingestellt. Hingegen wurden in jüngster Zeit in Mittelsteiermark die Kiesvorkommen von Groß-Stübing von der Leykam-Josefstal-Aktiengesellschaft und jenes von Naintsch von einer Gesellschaft m. b. H. in Angriff genommen. Außerdem sind daselbst in der Gegend von Rein bei Gratwein und Kappel, Bezirk Arnfels, Schwefelkiesvorkommen bekannt.

---

[1] Siehe Kupfererze.

Ackerwirtschaft in Deutsch-Österreich.

Von

Dr. h. c. Siegfried Strakosch (Wien-Hohenau).

I. Vorbemerkung.

Das Urteil über die Bodenwirtschaft eines Staates setzt nicht bloß genaue Kenntnis seiner Statistik, sondern auch der natürlichen und politischen Verhältnisse voraus, unter denen die Produktion vor sich geht. Die gegenwärtige Zeit ist jedoch zur Erfassung solcher Zustände wenig geeignet, weil der Weltkrieg und die ihm nachfolgenden Ereignisse alle Voraussetzungen, alle wirtschaftlichen Beziehungen und Zusammenhänge, die ganze politische und soziale Struktur des Staates, selbst die Anschauungen der Menschen von Grund aus geändert haben, so daß kaum noch etwas von dem gilt, was an Vorarbeiten und Ziffernmaterial aus früheren Jahren vorhanden ist. Dazu gesellt sich erschwerend die Raumbeschränkung, die der einzelnen Abhandlung hier auferlegt werden mußte. Unter diesen Umständen kann es sich nur um eine fragmentarische Behandlung des Stoffes handeln, um die Ergänzung des unsicheren statistischen Bildes durch einige Momente, die, der theoretischen Erwägung und der praktischen Erfahrung nach, für die Beurteilung der produktiven Lage wichtig erscheinen. Verabredungsgemäß sollen diese Ausführungen der eigentlichen Ackerwirtschaft gelten, während für die Gebirgswirtschaft, die in Deutsch-Österreich einen so breiten Raum einnimmt, gesonderte Bearbeitung durch Dr. Michael Hainisch in Aussicht genommen wurde. Die Scheidung wird sich indessen, dem Wesen des Stoffes entsprechend, nicht streng durchführen lassen. Ist schon die Grenze zwischen der Talwirtschaft des Alpenbesitzes und zwischen der höher hinaufragenden Ackerwirtschaft nicht immer zu ziehen, so läßt uns vollends die Statistik im Stich, indem sie auf die Quellen der Produktion nicht weit genug zurückgeht.

II. Das Kulturgebiet.

Ein Blick auf die Karte Deutsch-Österreichs zeigt, daß dessen geographische Lage außer der starken Kontinentalität noch eine Sonderheit aufweist, die für die Bodenkultur von richtunggebender Bedeutung ist: die außerordentliche Gebirgigkeit. Der größte Teil der Staatsfläche ist von Gebirgen oder Bergland bedeckt. Unter den deutsch-österreichischen Alpenländern sind Tirol und Vorarlberg, Salzburg, Kärnten, je ein Drittel von Ober- und Niederösterreich, fast die Hälfte der deutschen Steiermark dem Gebiet der eigentlichen Alpen zuzuzählen. Finden sich hier, inmitten mächtiger Gebirgsstöcke, auch genug tief eingeschnittene Längs- und Quertäler, selbst Enklaven und weitere Täler mit kulturfähigem Boden und ausgiebigem Feldbau vor, wie das Unterinntal in Nordtirol, das Murtal in Obersteier, das Drautal in Kärnten, so ist doch nicht zu übersehen, daß im großen und ganzen Lagen über 700 m vorherrschen, solche zwischen 1200 bis 2600 m über dem Meeresspiegel häufig genug sind, während 5 Proz. noch darüber hinaus in die Regionen des ewigen Schnees ragen[1]. Man weiß, daß eine gewisse Elevation und die Konsequenzen, die sich daran in klimatischer, vegetativer und wirtschaftlicher Hinsicht knüpfen, dem erfolgreichen Ackerbau ein Ende bereiten[2]. Als dessen Hauptstätten kommen deshalb in dem hier zu besprechenden Gebiete nur die Alpenvorländer, das nördliche und das östliche Alpenvorland in Betracht[3], sowie die beiden am steilen Südhang des Böhmerwaldes liegenden Bezirke, das zu Oberösterreich gehörende Mühlviertel (auch als Bergland und dessen Vorland an der Donau bezeichnet) und das niederösterreichische Berggebiet des Manhart. Die Alpenvorländer, am Fuße der Alpen gelagert, und von diesen durch herabgeschwemmte Trümmer und Schuttmassen verschiedener Grade bis zum feinsten Lehm und Ton überdeckt, sind nirgends über 600 m hoch, halten sich jedoch zumeist um 200 m über dem Meeresspiegel[4]. Wie für die Ackerbau-

[1] J. Chavane, Phys.-stat. Atlas der österreichisch-ungarischen Monarchie, Wien.

[2] Vergl. H. Mikula, Die Hebung der atmosphärischen Isothermen in den Ostalpen. Geogr. Jahresbericht aus Österreich, XI. Bd., Wien 1911; J. Wiesner, Lichtgenuß der Pflanzen, Leipzig 1907; Karl Peucker, Bergschatten, Verhandl. d. Deutsch. Geographentages Jena 1897; Haberlandt, Der allgemeine landwirtschaftliche Pflanzenbau, Wien 1878, Verlag Faesy u. Frick.

[3] Dem nördlichen Vorland sind zuzuzählen 53 % von Niederösterreich, 43 % von Oberösterreich und 11 % von Salzburg, dem östlichen Vorland etwa die Hälfte der deutschen Steiermark.

[4] Vergl. Lorenz u. Wessely, Die Bodennatur-Verhältnisse Österreichs, Wien 1873, Faesy u. Frick; Strakosch, Grundlagen der Agrarwirtschaft in Österreich, II. Aufl., Wien 1917, F. Tempsky.

bezirke des Mühlviertels und des Manharts gelten auch für die dem Alpenklima entrückten Alpenvorländer die Gesetze des mitteleuropäischen Klimas, doch zeigen sich immerhin schon Anklänge an die mehr kontinentalen, trockeneren, im Sommer heißeren, im Winter kälteren osteuropäischen Klimaprovinzen. Das ist insbesondere von dem in bezug auf Ackerbau fortgeschritteneren nördlichen Vorland zu bemerken. Hier leiden namentlich das Marchfeld, das Wiener Becken und das Steinfeld unter heftigen Winden und zahlreichen Stürmen, und der Nordrand Niederösterreichs, gegen Mähren zu, dann die Gegend östlich davon, schließlich das Viertel unter dem Manhartsberg erhalten, was landwirtschaftlich gar nicht gleichgültig ist, geringe jährliche Niederschläge[1].

Die angedeuteten geographischen Bedingungen begründen die Verteilung der Kulturfläche in vieler Hinsicht, namentlich den geringen Anteil des Ackerlandes, obwohl dessen heutige Ausdehnung gewiß nicht die letzten Möglichkeiten ausschöpft und sowohl in höheren Lagen als in trocken zu legenden Sümpfen, abzubauenden Mooren und zu regulierenden Inundationsgebieten noch mancher Erweiterung fähig wäre. Von der Gesamtfläche per 8 596 000 ha dienen nur rund 1 845 500 ha[2] oder 21½ Proz. dem Ackerbau, 0,9 Proz. dem Gartenbau, wogegen Deutschland dem Acker- und Gartenbau 48 Proz. der Fläche zu widmen vermag. 38 Proz. der Gesamtfläche werden vom Wald eingenommen, gegen 25 Proz. in Deutschland, 10,7 Proz. sind Wiesen, 17,3 Proz. Hutweiden und Alpen, 0,6 Proz. Weingärten und 11 Proz. unproduktive

---

[1] Nach H a n n , Klimatographie von Niederösterreich, Wien 1904, hat M i s t e l b a c h 460 mm, F e l d s b e r g 450 mm durchschnittlich jährliche Niederschlagsmengen. Messungen auf den Ökonomien des Verfassers ergaben für M a t z e n im Gänserndorfer Bezirk 490 mm, für B e r n h a r d s t h a l (Mistelbacher Bezirk) gar nur 400 mm. Weitere klimatische Angaben: H a u , Die Temperaturverhältnisse des österreichischen Alpenlandes, Sitzungsber. d. Kais. Akademie d. Wissensch. in Wien, Bd. 92, 1885; derselbe, Die Wärmeverteilung in den Ostalpen, Zeitschrift d. Deutsch. u. Österr. Alpenvereines 1886; derselbe, Klimatographie von Niederösterreich, Wien 1904; derselbe, Klimatologie, Stuttgart 1911; schließlich die Jahrbücher der k. k. Zentralanstalt für Meteorologie und Geodynamik in Wien und die Jahrbücher des hydrographischen Zentralbureaus des k. k. Ministeriums für öffentl. Arbeiten in Wien.

[2] Nach Berechnungen des Statistischen Departements des deutsch-österreichischen Staatsamtes für Landwirtschaft. Die deutschen Zahlen nach den Statistischen Jahrbüchern für das Deutsche Reich.

Fläche (inkl. Seen, Sümpfe, Teiche). Im Deutschen Reich steht dem der ziemlich gleichgroße Wiesenanteil von 11 Proz. gegenüber, dagegen entfallen auf die extensive Weide nicht einmal ⅓ soviel, nämlich 5 Proz., 0,2 Proz. auf Weinberge, 9,3 Proz. auf Haus, Hofraum und unproduktive Fläche. Die vornehmliche Beschränkung des Ackerlandes auf wenige Enklaven des Alpengebietes, auf die Alpenvorländer und die beiden Bezirke in Ober- und Niederösterreich drückt sich in der Statistik des Ackerbodens folgendermaßen aus:

	Hektar Ackerland:	Ackeranteil an der Gesamtfläche des betreffenden Gebietes:
In Niederösterreich	860 869	43,4 %
„ Oberösterreich	420 247	35,1 %
„ Salzburg	65 224	9,1 %
„ Deutsch-Steiermark	291 630	17,7 %
„ Deutsch-Kärnten (21 Gerichtsbezirke)	107 617	12,9 %
„ Deutsch-Tirol (37 Gerichtsbezirke)	91 982	4,7 %
„ Vorarlberg	7 856	3,0 %
Summe	1 845 425[1]	

III. Der Pflanzenbau.

In den vorausgegangenen Ausführungen ist die Gebirgigkeit der deutsch-österreichischen Alpenländer als hauptsächlichster Grund des bescheidenen Ackeranteils von bloß 21½ Proz. der Gesamtfläche bezeichnet worden. Dieser Gebirgigkeit muß man sich auch bei Beurteilung der Ackerproduktion erinnern. Denn, vermag der Winterweizen am Südabhang der Alpen in besonders begnadeter Lage auch bis über 1200 m über dem Meeresspiegel hinauf zu klimmen[2], und wird Sommerkorn mitunter in noch höher gelegenen Orten gebaut[3], so sind doch Flächen, die über 800 m Meereshöhe haben, kaum mehr als eigentliche Ackerbaugebiete anzusehen. Das unbeschadet des Umstandes, daß

[1] Diese Ziffern werden ihre definitive Bestätigung erst durch den Friedensvertrag erhalten. Dessen einstweilen überreichte erste Fassung läßt leider gewisse Einschränkungen des Gebietes befürchten.

[2] Kraft-Fruwirth, Pflanzenbaulehre, Berlin 1913, Paul Parey.

[3] Thallmayer (Österreichische Alpwirtschaft, Wien 1907, Carl Gerolds Sohn) berichtet von einem Orte der deutsch-österreichischen Alpen, Unter-Gurgl, wo Getreide bei 1786 m gebaut wird, allerdings nur wegen der Gewinnung von Bettstroh.

Gerste, Hafer, Kartoffeln, Wasserrüben, Hirse, Buchweizen, Flachs in Erhebungen von 1000 m und darüber fortkommen. Ackerbau läßt sich in solchen Höhen freilich treiben, doch die Wahl der Früchte bleibt begrenzter, manche davon, wie die Zuckerrübe, die Lagen unter 400 m Meereshöhe verlangt, sind ganz ausgeschlossen, bei anderen bleibt der Ertrag unsicher, wird bald von unzeitgemäßen Frösten, bald von Stürmen, bald von heftigen Niederschlägen beeinträchtigt. Die Gefahren der Naturgewalten sind im Gebirge vielfacher und gewaltiger als im Tal; die Arbeit des Landwirtes hat mit mehr Zufälligkeiten zu rechnen. Selbst die Quantität der Wiesenernten, damit des Heus nimmt mit der Elevation ab, obwohl der physiologische Nutzwert im umgekehrten Verhältnis dazu wesentlich größer wird[1]. Auch das kommt indessen in unserer Produktionsstatistik, die nur Mengen kennt, nicht zur Geltung und ebensowenig gibt sie uns an, welchen Höhenlagen die Ernteergebnisse von der Fläche abgewonnen wurden. In der Statistik über die 1 845 500 ha Ackerfläche sind die Erträge des eigentlichen Ackerlandes mit solchen der höheren Lagen vielfach vermengt, der Landesdurchschnitt ist aus beiden Kategorien entstanden und deshalb nicht ohne weiteres den Erträgen der Flachgebiete Deutschlands zu vergleichen. Daß schließlich der Anteil der einzelnen Feldfrüchte an der Ackerfläche vielfach unter dem Zwang der Höhenverhältnisse zustande kommt und nicht überall nach Belieben geändert werden kann, ergibt sich aus dem Gesagten von selbst.

Nachstehend die durchschnittliche Produktion des Ackerlandes, berechnet nach der amtlichen Statistik der Jahre 1904—1913 (siehe Tabellen S. 112, 113 und 114):

Was bei diesen Ziffern zunächst in die Augen springt, ist der geringe Hektarertrag, sowie der bescheidene Anteil der Hackfrüchte. So entfällt auf Kartoffeln 7,8 Proz. der Ackerfläche, auf Zuckerrüben, bloß in Niederösterreich gebaut, nur 0,7 Proz. der Ackerfläche. Der Ertrag des Weizens von 13,6 q, der Gerste von 12,7 q, des Hafers von 11,2 q pro Hektar, bleiben gegen die korrespondierenden Zahlen des Deutschen Reiches[2] von 20,3 q Weizen, 19,5 q Gerste, 18,6 q Hafer um gut die

[1] Kaltenegger, Die österreichischen Rinderrassen, Wien 1899, Verlag Frick; Thallmayer, Österr. Alpwirtschaft, Wien 1907, Carl Gerolds Sohn; v. Hayek, Die Pflanzendecke Österreich-Ungarns, Leipzig-Wien 1916, Franz Deulicke.

[2] Statistisches Jahrbuch für das Deutsche Reich, Durchschnitt der Jahre 1903/12.

Postnummern	Länder bzw. Landesteile	Körnerfrüchte: Weizen und Spelz: Anbaufläche ha	% der Ackerfläche	Ernte im ganzen q	Ernte pro ha q	Roggen und Mengfrucht: Anbaufläche ha	% der Ackerfläche	Ernte im ganzen q	Ernte pro ha q	Gerste: Anbaufläche ha	% der Ackerfläche	Ernte im ganzen q	Ernte pro ha q
1	Niederösterreich	78 138	9,07	1 226 892	15,7	217 606	25,27	3 143 006	14,4	73 408	8,52	1 006 718	13,7
2	Oberösterreich	51 877	12,34	683 998	13,2	101 219	24,08	1 446 137	14,3	43 173	10,27	499 593	11,6
3	Salzburg	8 110	12,43	100 078	12,3	11 629	17,82	169 897	14,6	1 245	1,90	15 344	12,3
4	Steiermark (Ober- und Mittelland)	39 170	13,43	433 207	11,1	54 608	18,41	544 089	10,0	10 363	3,55	106 987	10,3
5	Deutsch-Kärnten (21 Gerichtsbezirke)	11 593	11,68	135 524	11,7	26 508	24,63	261 483	9,9	7 301	6,78	89 621	12,3
6	Deutsch-Tirol (37 Gerichtsbezirke)	7 486	8,13	93 751	12,5	23 175	26,39	311 107	14,3	6 473	7,03	76 798	11,9
7	Vorarlberg	481	6,12	4 485	9,3	336	4,27	2 390	7,1	278	3,53	2 024	7,3
1–7	Summe der deutschen Alpenländer rund	197 000	10,7	2 678 000	13,6	435 000	23,8	5 878 000	13,5	142 000	7,7	1 797 000	12,7

Postnummern	Länder bzw. Landesteile	Körnerfrüchte: Hafer: Anbaufläche ha	% der Ackerfläche	Ernte im ganzen q	Ernte pro ha q	Mais: Anbaufläche ha	% der Ackerfläche	Ernte im ganzen q	Ernte pro ha q	Buchweizen: Anbaufläche ha	% der Ackerfläche	Ernte im ganzen q	Ernte pro ha q	Hirse und Sorgho: Anbaufläche ha	% der Ackerfläche	Ernte im ganzen q	Ernte pro ha q
1	Niederösterreich	169 634	10,96	1916703	11,3	17 549	2,03	259 407	14,8	1 641	0,19	15 867	9,7	—	—	—	—
2	Oberösterreich	84 252	20,4	1009846	12,0	—	—	—	—	219	0,05	2 906	13,3	—	—	—	—
3	Salzburg	9 019	13,82	57616	6,4	—	—	—	—	—	—	—	—	—	—	—	—
4	Steiermark (Ober- u. Mittelland)	51 834	17,77	561742	10,8	20 541	7,04	327 416	15,9	21 909	7,51	151 790	6,9	2,827	—	26 154	9,3
5	Dtsch.-Kärnten (21 Ger.-Bez.)	19 721	18,32	215648	10,9	5 523	4,20	71 329	12,9	6 801	6,31	49 977	7,3	819	—	9 763	11,9
6	Deutsch-Tirol (37 Ger.-Bez.)	5 736	6,23	60099	10,5	5 562	6,04	97 986	17,6	1 750	1,90	22 117	12,6	—	—	—	—
7	Vorarlberg	464	5,90	3059	6,6	1 232	16,34	12 110	9,8	—	—	—	—	—	—	—	—
1–7	Summe der deutschen Alpenländer rund	341 000	18,4	3825000	11,2	50 500	2,7	768 000	1,52	22 000	1,7	243 000	7,6	3 600	—	35 900	10,0

Postnummern	Länder bzw. Landesteile	Hülsenfrüchte im ganzen				Öl- und Gespinstpflanzen: Raps und Rübsen				Öl- und Gespinstpflanzen: Mohn			
		Anbaufläche	% der Ackerfläche	Ernte im ganzen	Ernte pro ha	Anbaufläche	% der Ackerfläche	Ernte im ganzen	Ernte pro ha	Anbaufläche	% der Ackerfläche	Ernte im ganzen	Ernte pro ha
		ha		q		ha		q		ha		q	
1	Niederösterreich	7 790	—	86 728	11,1	415	—	4 357	10,5	862	—	7 126	8,3
2	Oberösterreich	233	—	3 259	14,0	2 018	—	31 432	15,6	—	—	—	—
3	Salzburg	332	—	4 431	13,3	—	—	—	—	—	—	—	—
4	Steiermark (Ober- und Mittelland)	7 474	—	66 421	8,9	189	—	4 484	23,7	51	—	317	6,2
5	Deutsch-Kärnten (21 Gerichtsbezirke)	1 804	—	17 905	9,9	—	—	—	—	—	—	—	—
6	Deutsch-Tirol (37 Gerichtsbezirke)	594	—	5 699	9,6	—	—	—	—	39	—	70	1,8
7	Vorarlberg	610	—	2 299	3,8	—	—	—	—	—	—	—	—
1—7	Summe der deutschen Alpenländer rund	19 000	—	187 000	9,8	2 600	—	40 300	15,5	950	—	7 500	7,9

Postnummern	Länder bzw. Landesteile	Öl- und Gespinstpflanzen: Lein, Samen				Lein, Faser				Hanf, Samen				Hanf, Faser			
		Anbaufläche	% der Ackerfläche	Ernte im ganzen	Ernte pro ha	Anbaufläche	% der Ackerfläche	Ernte im ganzen	Ernte pro ha	Anbaufläche	% der Ackerfläche	Ernte im ganzen	Ernte pro ha	Anbaufläche	% der Ackerfläche	Ernte im ganzen	Ernte pro ha
		ha		q		ha		q		ha		q		ha		q	
1	Niederösterreich	1 338	—	8 361	6,2	1 338	—	11 259	8,4	—	—	—	—	—	—	—	—
2	Oberösterreich	3 260	—	20 322	6,2	3 260	—	22 429	6,9	493	—	3 498	7,1	493	—	3 574	7,2
3	Salzburg	322	—	1 428	4,4	322	—	1 423	4,4	65	—	330	5,1	65	—	343	5,3
4	Steiermark (Ober- u. Mittelland)	2 664	—	12 150	4,6	2 664	—	15 117	5,7	166	—	529	3,2	166	—	1 173	7,1
5	Deutsch-Kärnten (21 Ger.-Bezirke)	599	—	2 419	4,0	599	—	2 699	4,5	254	—	998	3,9	254	—	1 230	4,8
6	Deutsch-Tirol (37 Ger.-Bezirke)	955	—	3 833	4,0	955	—	2 869	3,0	25	—	60	2,4	25	—	57	2,3
7	Vorarlberg	9	—	24	2,7	9	—	35	3,9	17	—	21	1,2	17	—	63	3,7
1—7	Summe d. dtsch. Alpenländer rund	9 000	—	48 500	5,4	9 000	—	55 900	6,2	1 000	—	5 400	5,4	1 000	—	6 400	6,4

Postnummern	Länder bzw. Länderteile	Hackfrüchte: Kartoffeln: Anbaufläche ha	% der Ackerfläche	Ernte im ganzen q	Ernte pro ha q	Zuckerrüben: Anbaufläche ha	% der Ackerfläche	Ernte im ganzen q	Ernte pro ha q	Futterrüben: Anbaufläche ha	% der Ackerfläche	Ernte im ganzen q	Ernte pro ha q
1	Niederösterreich	87 459	10,15	6 174 103	70,6	13 448	1,55	2 582 777	192,1	37 184	4,31	5 595 605	150,5
2	Oberösterreich	23 439	5,57	3 651 190	155,8	—	—	—	—	9 997	2,28	1 757 956	175,8
3	Salzburg	1 072	1,64	80 659	75,2	—	—	—	—	306	0,46	15 819	51,7
4	Steiermark (Ober- und Mittelland)	16 290	5,58	1 355 448	83,2	—	—	—	—	23 899	8,19	3 376 500	141,3
5	Deutsch-Kärnten (21 Gerichtsbezirke)	6 096	5,66	508 982	83,5	—	—	—	—	5 141	4,77	774 991	150,7
6	Deutsch-Tirol (37 Gerichtsbezirke)	7 780	8,45	1 065 837	137,0	—	—	—	—	1 575	1,71	175 867	111,7
7	Vorarlberg	2 404	30,60	99 324	41,3	—	—	—	—	294	3,74	17 295	58,8
1—7	Summe der deutschen Alpenländer rund	145 000	7,8	12 935 500	89,2	13 500	0,7	—		78 000	4,2	11 714 000	4,2

Postnummern	Länder bzw. Länderteile	Stroh: Gesamtmenge q	Rauhfutter: Klee und Kleegras: Fläche ha	% der Ackerfläche	Ernte im ganzen q	Ernte pro ha q	Wiesen aller Art: Fläche ha	% der Ackerfläche	Ernte im ganzen q	Ernte pro ha q	Weine im ganzen: Fläche ha	% der Ackerfläche	Ernte im ganzen hl	Ernte pro ha hl
1	Niederösterreich	9 382 494	82 345	—	3 041 279	36,9	236 131	—	7 379 958	31,3	35 843	—	902 283	25,2
2	Oberösterreich	7 015 618	61 887	—	2 360 667	38,1	228 304	—	8 625 506	37,8	—	—	—	—
3	Salzburg	852 936	3 355	—	107 023	31,9	86 733	—	2 896 053	33,4	—	—	—	—
4	Steiermark (Ober- und Mittelland)	5 419 888	23 685	—	1 014 980	43,9	220 920	—	7 916 924	35,4	7 772	—	210 276	27,1
5	Deutsch-Kärnten (21 Gerichtsbezirke)	2 144 329	12 461	—	666 113	53,5	89 534	—	2 095 374	23,4	13	—	43	3,3
6	Deutsch-Tirol (37 Gerichtsbezirke)	1 110 324	2 588	—	148 885	57,5	141 111	—	7 543 339	53,5	8 494	—	354 949	41 8
7	Vorarlberg	30 173	110	—	4 007	36.4	38 317	—	1 205 617	31,5	63	—	63	10,4
1—7	Summe d. deutschen Alpenländer rund	25 956 000	186 500	—	7 343 000	39,4	1 041 000	—	37 663 000	36,2	52 200	—	1 468 000	28,0

Hälfte zurück, etwas weniger der Roggenertrag von 13,5 q gegen 17 q im Deutschen Reich. In Kartoffeln erreicht Deutsch-Österreich bloß einen Hektarertrag von 89,2 q gegen 137,4 q in Deutschland. Diese Differenzen erklären sich zu einem Teil durch die eingangs angeführten Umstände, zu einem andern durch die relative Trockenheit der wichtigsten Ackerbaugebiete, während der Hauptgrund zweifellos in der Rückständigkeit der Wirtschaftsweise zu suchen ist. Alle diese Momente zusammen bedingen auch das Zurücktreten des Hackfruchtbaues, der, selbst ein Merkmal sorgfältiger Bodenbestellung, bekanntlich nicht geringen Einfluß auf die Erträge der nachfolgenden Früchte nimmt. Die in höheren Lagen immer noch stark verbreitete Egartenwirtschaft, die Jahren der Grasnutzung einjährigen, auch mehrjährigen Bau von Getreide und selbst Hackfrüchten folgen läßt, macht es notwendig, die Wiesen in die Statistik der Ackerfläche mit aufzunehmen, ohne daß sich immer sagen ließe, was dieser zuzurechnen wäre und was nicht. Der Wiesenertrag von 36,2 q pro ha erreicht, trotz der natürlichen Futterwüchsigkeit weiter Gebiete, jenen Deutschlands von 42,5 q jedenfalls nicht. Beachtenswert ist das gegen Deutschland stärkere Auftreten des Mais mit 2,7 Proz. der Ackerfläche und der, kürzere Vegetationsdauer aufweisenden Getreidearten, Hirse und Buchweizen, namentlich des letzteren, dem 7,6 Proz. der Ackerfläche zugewiesen sind. Von wertvollerem Sommergetreide wird der Hafer weit stärker gebaut als die Gerste (18,4 Proz. gegen 7,7 Proz.). Zu bedauern ist, daß dem Hülsenfruchtbau, der den Boden mit Stickstoff bereichert, bloß 1 Proz. eingeräumt werden und daß der Anbau von Gründüngungspflanzen, sowie der feldmäßige Futterbau in den wichtigsten Ackerbaugebieten Deutsch-Österreichs gewisse Einschränkungen erfordern. Im Marchfeld kommt der Rotklee wegen der geringen Niederschlagsmengen und des durchlässigen Untergrundes an vielen Stellen nicht so gut fort als die tiefer wurzelnde Luzerne. Von Stoppel-Gründüngungspflanzen bietet aus den gleichen Gründen bloß der widerstandsfähige Bokharaklee (eine höher wachsende Form von Melilotus albus, Steinklee, Honigklee) halbwegs sichere Aussichten, keinesfalls aber ist an den Zwischenbau von Lupinen, Seradella, Erbsen, Wicken u. a. zu Gründüngungszwecken nach der Getreideernte zu denken, wie das in Deutschland mit so viel Nutzen für die Nachfrucht geschieht.

	Länder bzw. Landesteile	Viehstand, Gesamtergebnisse				
		Pferde	Rinder	Ziegen	Schafe	Schweine
1	Niederösterreich	145 107	609 509	94 500	44 619	709 549
2	Oberösterreich	62 003	552 877	35 289	32 204	355 207
3	Salzburg.	11 710	128 618	16 479	35 991	22 583
4	Steiermark (Ober- und Mittelland)	40 370	476 499	25 731	63 521	540 304
5	Deutsch-Kärnten (21 Gerichtsbezirke)	24 310	180 166	21 127	51 363	139 603
6	Deutsch-Tirol (37 Gerichtsbezirke)	17 488	306 242	60 950	118 135	71 795
7	Vorarlberg	3 243	58 592	10 265	4 686	17 131
1–7	Summe der deutschen Alpenländer rund . .	304 000	2 313 000	264 500	351 000	1 856 000

IV. Die Viehproduktion.

Was vom Ackerbau gesagt wurde, gilt ebenso für die Viehwirtschaft. Es ist nicht möglich, nach den vorliegenden statistischen Behelfen den Viehstand der Ebene von dem des Gebirges zu scheiden, festzustellen, was zur alpinen Viehwirtschaft gehört und was als Besatz des Ackerlandes anzusehen ist. Die Statistik, auf den Ergebnissen der Viehzählung aufgebaut, bleibt uns überdies in bezug auf Rassen, Wert, Gewicht, Beziehung zum Betrieb, alles schuldig. Sie verrät nichts von den produktiven Leistungen, die den erhobenen Viehzahlen entsprechen, was das wichtigste wäre, weil ja der Viehstand nur das Kapital darstellt, die jährliche Viehproduktion aber den sehr variablen Zins, den das Kapital abwirft. Die Erfahrung lehrt dieses: Die deutsch-österreichischen Alpengebiete sind zufolge ihrer natürlichen Bedingungen hervorragend zur Zucht gesunden, widerstandsfähigen Viehs geeignet. Sie haben eine Reihe äußerst wertvoller Viehrassen hervorgebracht[1], die den besten europäischen Rassen gleichzustellen sind und liefern den Ackerwirtschaften der Ebene Zugochsen, Milchkühe, Zugpferde, auch Zuchtstiere und Einstellvieh zu Mastzwecken. Die Ackerbaugebiete dagegen besitzen zumeist aus klimatischen Gründen nicht genug Gras-

[1] Vergl. Geschichte der österr. Land- und Forstwirtschaft und ihrer Industrien, Wien 1899, Moritz Pertes; dann: Die österreichischen Rinderrassen, herausgegeben vom k. k. Ackerbau-Ministerium Wien in den 90er Jahren; J. Suchanka, Das Norische (Pinzgauer) Pferd, Wien 1900.

Auf je 100 ha landwirtschaftlich benutzte Fläche entfallen:					Auf je 1000 Einwohner entfallen:				
Pferde	Rinder	Ziegen	Schafe	Schweine	Pferde	Rinder	Ziegen	Schafe	Schweine
12,5	52,5	8,1	3,8	61,1	41	173	27	13	201
9,2	82,3	5,2	4,8	52,8	73	648	41	38	416
3,2	35,4	4,5	9,9	6,2	55	599	77	168	105
6,0	70,7	3,8	9,4	80,1	42	493	27	65	559
6,1	45,2	5,3	12,9	35,0	77	570	67	163	442
2,1	37,0	7,4	14,3	8,7	32	559	111	216	131
2,0	36,6	6,4	2,9	10,7	22	403	71	32	118
7,1	54,3	6,2	8,2	43,6	46	352	40	53	282

wüchsigkeit, um der Viehzucht die wichtigste Voraussetzung des Erfolges — reichliche Weiden — zur Verfügung stellen zu können. Ihre Hutweiden sind spärlich vertreten und wenig ertragreich und bessere, wo es nur immer anging, längst in Äcker und Wiesen verwandelt. So pflegt man das Zucht- und Nutzvieh fast das ganze Jahr über im Stall zu halten und nur für das Jungvieh einen Auslauf im Hof bereitzustellen. Eine Ausnahme davon macht im großen und ganzen die Stoppelweide auf Feld und Wiese, bei der auch das erwachsene Vieh vorübergehend zu freier Luft und Bewegung gelangt. Herdbücher, Probemelkungen sind in der durchschnittlichen Ackerwirtschaft kaum zu finden, dagegen wird das Vieh mit einer gewissen Liebe betreut und gepflegt und reichlich, infolge ungenügender Kenntnis der Ernährungsphysiologie oft mit übertriebenem Aufwand an Kraftfutter gefüttert. Häufiger Blutauffrischung durch Importe von Alpenvieh und aus einzelnen begünstigteren Zuchtenklaven der Niederung ist es zweifellos mit zu danken, daß das Vieh der Ackerbaugebiete hinsichtlich Form und Leistung weit besser ist als man nach den primitiven Zucht- und Haltungsverhältnissen erwarten sollte. Hier, in den eigentlichen Ackerbaugebieten, ist auch die Stätte der dichtesten Viehstappels zu suchen, nicht in den dazu so sehr prädestinierten Alpen[1]. Der Niederung sind eben in bezug auf Viehnutzung ganz andere Möglichkeiten gegeben. Der Gebrauchswert, den das Vieh in der Feldwirtschaft gewinnt, die Nutzung, die es hier findet, setzt den Landwirt erst in die Lage, die Fläche mit Vieh dicht zu besetzen

[1] Vergl. Grundlagen der Agrarwirtschaft in Österreich, II. Aufl., S. 45.

und dessen Leistung, sei es als Zugkraft, bei der Fleischproduktion oder der Milchproduktion, höher zu steigern. Versagt im Gebirge einmal die Gras-, Heu-, Stroherernte, so wird der Viehstand, da Surrogate von Massenfutter höchstens in Form von Reisig vorhanden sind, gleich auf Jahre zurückgeworfen. Die Ebene dagegen verfügt immer noch über allerlei Abfälle industrieller Natur, über Hackfrüchte, größere Strohmengen, dazu über mehr Kleie, Futtergetreide und andere Futtermittel.

Die letzte Viehzählung vor dem Krieg, am 31. Dezember 1910, brachte folgende Ergebnisse (siehe Tabelle S. 116 u. 117):

Die großen Konsumansprüche der Kriegszeit und der Mangel an Kraftfutter haben den Viehstand freilich stark verringert. Im April 1918 zählte man um 44 Proz. weniger Schweine, um 9 Proz. weniger Schafe und um 14 Proz. weniger Rinder als 1910. Nur die Zahl der Ziegen war um 10 Proz. gestiegen. Am stärksten hatten die Pferde der Zahl nach gelitten. Die Verringerung der Stückzahl ist indessen nicht das ausschlaggebende gewesen, sondern die Verschlechterung im Gewicht, in der Leistung und in der Zusammensetzung der Altersklassen. Bei den Rindern ergab die Zählung folgende Änderung der Altersklassen:

	Jungvieh	Stiere	Kalbinnen	Kühe	Ochsen	Rinder zusammen
	unter einem Jahre					
918 gegen 1910	+ 22,85 %	− 27,56 %	− 24,1 %	− 16,62 %	− 34,42 %	− 14,05 %

Seit dem Zählungstermin ist ein Jahr vergangen, der Rückgang hat sich noch verstärkt und wird jetzt auf etwa 25 Proz. eingeschätzt. Er ist beim kleinen Grundbesitz geringer und steigt beim Großgrundbesitz bis auf die Hälfte und darüber. Dabei muß die Devastierung der Kühstände am bedenklichsten erscheinen, wo gegen die ansehnliche Zunahme der Jungviehziffern wieder als ein für den Wiederaufbau günstiges Symptom zu bezeichnen ist.

Die deutsch-österreichischen Alpenländer haben von jeher eine recht ansehnliche Geflügelzucht betrieben. Nach der Zählung von 1910 berechnet sich die Anzahl Haushühner, Gänse, Enten u. a. m. auf 6¾ Millionen Stück. Auf den Kopf der Bevölkerung kamen in Oberösterreich 1,7 Stück, in Steiermark 1,3 Stück, in Kärnten 0,9, in Tirol 0,8, in Niederösterreich und Salzburg 0,7 und in Vorarlberg 0,6 Stück. Die Anzahl der im Jahre fallenden Eier wurde insgesamt mit rund 400 Millionen festgestellt, wobei die Reihenfolge der Leistungen der einzelnen Länder der Dichte ihres Geflügelbesatzes entspricht. An der Spitze steht Oberösterreich mit 101 Eiern per Einwohner, dann Steiermark mit 79 Eiern per Kopf der Bevölkerung, am geringsten ist die Produktion in Vorarlberg mit nur 42 Eiern per Einwohner. Der Krieg und der damit verbundene Futtermangel haben auch hier arge Lücken gerissen. Vor dem Krieg betrug die jährliche Vermehrung des Hühnerstandes durchschnittlich 3,7 Proz., sie könnte aber unter den gegebenen, dafür nicht ungünstigen natürlichen Bedingungen zweifellos in weit rascherem Tempo erfolgen, während andererseits bei Zuchtwahl und richtiger Fütterung die gegenwärtige, niedrige durchschnittliche Zahl von 50 Eiern pro Henne auf 100 bis 140 zu bringen wäre[1].

V. Produktionsbedingungen und Produktionserfolg.

Unter den natürlichen Bedingungen Deutsch-Österreichs wurde insbesondere die durchschnittliche Höhenlage und das Klima in ihrer charakteristischen Rückwirkung auf Art und Richtung der landwirtschaftlichen Produktion hervorgehoben. Diese beiden natürlichen Faktoren wie die übrigen, die hier nicht besprochen werden konnten, bringen sich aber nicht nur direkt zur Geltung, sondern auch indirekt, indem sie zugleich jene Voraussetzungen beeinflussen, die als politische zu bezeichnen sind. Es ist so nur an die Folgen zu denken, welche die Gebirgigkeit für das Tempo des Verkehrs, für die Dichte des Verkehrsnetzes, für die Anlagekosten der Straßen- und Schienenwege, für die Größe des Arbeitsaufwandes von Mensch, Zugtier und Maschine hat. Bei der besonderen Empfindlichkeit der Landwirtschaft in bezug auf die Verkehrslage, die schon Thünen in seinem berühmten Gleichnis vom isolierten Staate darlegte, ergibt es sich von selbst, daß die Intensivierung der Bodenkultur in den Alpenländern mehr Hindernissen begegnet als in Staaten mit flacherer Gestaltung.

Kein Zweifel, daß die Erschwerungen des Verkehrs auch solche der Schulbildung sind. Deutsch-Österreich besitzt wohl zum Teil deshalb immer noch Analphabeten unter seiner Bevölkerung

[1] Vergl. Georg Wieninger, Die volkswirtschaftliche Bedeutung der Geflügelzucht in Österreich. Verlag Endersche Kunstanstalt Neutitschein.

über 10 Jahren, freilich perzentuell weit weniger als das alte Österreich. Dort 16,5 Proz., in Deutsch-Österreich nur 4,3 Proz.[1] Die natürliche Lage ist daran übrigens noch in anderer Hinsicht schuld: Die deutsch-österreichischen Alpenländer, von jeher von bunten Volksgemischen umflutet, ein Bindeglied zwischen West und Ost, Süden und Norden, weisen unter den landwirtschaftlich Tätigen Angehörige kulturell weniger fortgeschrittener Nationalitäten auf, die ein ansehnliches Kontingent zu den Analphabeten stellen. Ungenügend verbreitet wie die elementare Schulbildung ist auch der elementare Fachunterricht. Wir haben verhältnismäßig wenig mittlere und niedere land- und forstwirtschaftliche Schulen, im ganzen, samt den für Garten-, Obst-, Wein-, Hopfenbau, Alpwirtschaft und Bienenzucht, nur 49 mit 388 Lehrkräften[2]. Böhmen allein besaß 69 solche Schulen deutscher und tschechischer Sprache mit 752 Lehrern. Es fehlt insbesondere an einer genügenden Zahl von Wanderlehrern und Winterschulen, Institutionen, die anderswo viel zur Verbreitung des Fachwissens und des Fortschrittes gerade unter den kleineren Landwirten beigetragen haben. In Deutsch-Österreich wirkt dieser Mangel um so empfindlicher, als unter den Betrieben der Kleinbesitz dominiert. In Niederösterreich ist der Anteil des Mittel- und Kleinbesitzes an der landwirtschaftlich benützbaren Fläche etwas kleiner als 90 Proz., in allen andern zu Deutsch-Österreich gehörigen Kronländern oder Teilen von solchen ist er weit höher, in Oberösterreich, Tirol und Vorarlberg reicht er nahe an 100 Proz. heran. Vom Ackerboden sind bloß 6,1 Proz. den Besitzgrößen über 100 ha zu eigen[3].

Mit der geographischen und politischen Lage hängt auch folgende Ursache verminderter Produktivität zusammen: In ununterbrochenem Zusammenleben mit anderen Völkerindividualitäten zu vielfachen Kompromissen gezwungen, hat die Bevölkerung Deutsch-Österreichs

[1] Nach der Volkszählung von 1910 veröffentlicht in: Österreich. Statist. Handbuch Bd. XXXII. Für Deutsch-Österreich proportional nach der Fläche der Landesteile umgerechnet.

[2] Land- und forstwirtschaftliche Unterrichtszeitung des k. k. Ackerbauministeriums 1912.

[3] Ergebnisse der landwirtschaftlichen Betriebszählung vom 3. Juni 1902, herausgegeben von der Statistischen Zentralkommission, Wien 1909. Vergl. auch: Reinhofer, Was dünkt Euch von unserm Großgrundbesitz? Wien 1917, F. Tempsky; v. Medinger, Großgrundbesitz, Fideikommiß und Agrarreform, Wien 191 Hilschmanns Journalverlag; schließlich Hainisch, Grundlinien einer Agrarreform, Sonderabdruck aus „Österreichischer Volkswirt“ 1919.

ihre Charaktereigenschaften mehr nach der schmiegsamen, liebenswürdigen Seite entwickelt, als nach der energischen, zu strammer Organisation neigenden Art des Norddeutschen. Das gilt besonders für die der Großstadt näher gelegenen Länderstrecken, während die eigentlichen Alpengebiete von solchen Einflüssen naturgemäß schwächer berührt erscheinen. Inwieweit es hierin zu suchen ist, daß manche unerläßliche Voraussetzung der Landwirtschaft noch nicht geschaffen wurde, inwieweit die nationalen Reibereien der Vergangenheit dafür verantwortlich zu machen sind, läßt sich schwer entscheiden. Als solche Rückständigkeiten müssen bezeichnet werden: Die Verwahrlosung ausgedehnter Gemeinschaftsbesitze, die ungenügende Regelung der Forst- und Weidenservituten und die Gemeng- und Streulage des Besitzes. Die Ausdehnung des Gemeinbesitzes ist in den eigentlichen Alpengebieten am größten und nimmt mit dem Verflachen des alpinen Charakters ab. In Tirol sind über eine Million Hektar, im steirischen Oberland allein 49 730 ha im Besitz agrarischer Gemeinschaften, was wegen des Mangels eines eigentlichen privatwirtschaftlichen Interesses daran dazu führt, daß sie nur einen Bruchteil der Produktivität besitzen, die sie haben könnten. Die Gemenglage, das Nichtdurchführen der Kommassierung verdammt vorläufig 81,2 Proz. aller Katastralgemeinden Deutsch-Österreichs[1] dazu, ihre Zeit mit dem Hin- und Hergehen zwischen Hof und Feld und zwischen den einzelnen weit voneinander gelegenen Parzellen zu vertrödeln, nutzbare Fläche durch Grenzsteine und Grenzgräben zu verlieren, die Maschinenarbeit nicht recht auszunützen und viel mehr Zugvieh als sonst nötig halten zu müssen.

Nicht anders steht es mit den weiten, inundierten Flächen, die unzureichende Flußregulierung der Ackerwirtschaft entzieht. Was hier noch zu tun ist, zeigt ein nunmehr vom Staatsamt für Landwirtschaft ausgearbeitetes Projekt, daß die Ent- und Bewässerung aller im Staatsgebiete vorhandenen meliorationsbedürftigen und kulturfähigen Flächen zum Gegenstande hat. Danach handelt es

---

[1] Nach einer Erhebung des Ackerbauministeriums aus den 70er Jahren. Bis 1912 wurden insgesamt 235 179 ha reguliert, dagegen schritt die Zersplitterung anderwärts noch weiter. Vergl. das Österr. Statistische Handbuch. Über die Gründe des langsamen Vorwärtskommens vergl. die Äußerungen R. v. Pantz, des Ackerbauministeriums mitgeteilt in Strakosch, Grundlagen der Agrarwirtschaft in Österreich, II. Aufl., 1917, IX. Kapitel.

sich um rund 850 000 ha, eine enorme Zahl, wenn man die als Ackerland benutzbare Fläche der deutschen Alpenländer von insgesamt bloß 1 845 000 ha daneben hält.

Der Mangel Deutsch-Österreichs an Rohstoffen, sogar an Kohle und Petroleum, bleibt ebenfalls nicht ohne direkten Einfluß auf die landwirtschaftliche Produktion, wie ja auch die Industrie Schwierigkeiten begegnet und deshalb manches landwirtschaftliche Produktionsmittel teurer liefert. So sind landwirtschaftliche Maschinen und Geräte bei uns immer teuerer als in Deutschland gewesen und am teuersten haben sich stets Maschinenreparaturen gestellt[1]. Gleiches ist vom Kunstdünger zu sagen, bei dessen Bezug, neben geringem Inlandsvorkommen, die Transportverhältnisse verteuernd mitwirken. Die Anwendung von mineralischen Düngern bietet, was nebenbei zu bemerken ist, in den regenärmeren Ackerbauzonen Deutsch-Österreichs weniger Sicherheit auf Erfolg als in Deutschland. Bisher waren die verbrauchten Quantitäten mehr als bescheiden, im alten Österreich 29 kg auf den Hektar landwirtschaftlich benutzter Fläche und wohl kaum höher als dieser Durchschnitt in den nun Deutsch-Österreich bildenden Ländern, über die es keine spezielle Düngerstatistik gibt. Das Deutsche Reich hat in den Jahren vor dem Kriege 168 kg pro Hektar Kunstdünger verwendet[2].

Man sieht, daß schon die flüchtige Betrachtung eine Wechselwirkung natürlicher und politischer Momente aufzeigt, die den Fortschritt der Produktion vielfach schwerer erscheinen läßt, als im deutschen Mutterstaat. Die zahlreichen Hindernisse, die die landwirtschaftliche Erzeugung bei uns vorfindet, werden zur Ursache, daß das Verhältnis zwischen Erzeugungsaufwand und Erzeugungsergebnis im allgemeinen ungünstiger ist, daß die Intensivierung des Betriebes früher aufhört rentabel zu sein, daß das Gesetz des abnehmenden Bodenertrages bei gleichen Produktenpreisen früher in Wirksamkeit tritt als in Deutschland.

---

[1] Vergl. dieselben: Grundlagen der Agrarwirtschaft; über die Schwierigkeiten der industriellen Produktion: Friedrich Hertz, Die Produktionsgrundlagen der österreichischen Industrie vor und nach dem Kriege, II. Aufl., Wien-Berlin 1917, Verlag f. Fachliteratur.

[2] F. W. v. Dafert und W. v. Alter: Über organisatorische Bestrebungen auf dem Gebiete der Kunstdüngerindustrie, Sonderabdruck aus der „Zeitschrift für das landwirtschaftliche Versuchswesen in Österreich“, Wien 1918, Verlag W. Frick.

Viele der Bedingungen lassen sich verbessern, andere, wie die Höhenlage, lokale klimatische Eigentümlichkeiten, durch Ausbildung besonderer Produktionsmethoden und durch Anpassung überwinden, wobei man bezüglich der letzteren nur an die Saatgutzüchtung zu denken braucht, die bei uns, der Verbreitung nach, in den Kinderschuhen steckt. Die Kriegszeit hat allerdings das bescheidene Maß von Produktivität so stark zurückgeworfen, daß schon das Wiedererreichen der einstigen Stufe geraume Zeit beanspruchen wird. Erwartungen darüber hinaus sind wohl vollends so lange zurückzustellen, bis die gegenwärtige Tendenz, weniger zu arbeiten als früher, dagegen weit mehr Lohn zu beanspruchen, der Einsicht Platz gemacht haben wird, daß kein Volk ungünstige wirtschaftliche Bedingungen anders zu überwinden vermag, als durch unermüdlichen Fleiß, daß sich keines aus Elend und Not anders als durch Arbeit erretten kann.

VI. Produktion und Bedarf.

Der Vorbehalt, mit dem die produktiven Aussichten der nächsten Zeit zu beurteilen sind, leiht der Frage um so mehr Wichtigkeit, wie sich das Verhältnis zwischen Produktion und Konsum bei einer immerhin zu gewärtigenden mäßigen Erholung des Wirtschaftsbetriebes gestalten wird.

Nach der Statistik des Ackerbauministeriums berechnet, betrug die Roggen- und Weizenproduktion der deutschen Alpenländer im Jahresdurchschnitt 1904 bis 1913 8½ Millionen Meterzentner, das sind per Kopf der 6½ Millionen Menschen zählenden Bevölkerung 1,3 Meterzentner gegen 2,06 Meterzentner per Kopf Brotgetreide in der alten Monarchie.

Will man jedoch zu einem richtigen Urteil über das Verhältnis von Produktion und Bedarf in Getreide gelangen, so ist es nötig, nicht nur das Edelgetreide, sondern zugleich die anderen Getreidearten zu beachten, weil diese, wie wir wissen, zur menschlichen Ernährung mit herangezogen werden, wie das Edelgetreide andererseits auch zur Fütterung des Viehs und zur industriellen Verarbeitung dient. In allen Getreidearten zusammen haben die deutschen Alpenländer 1904 bis 1913 durchschnittlich per Jahr 15 Millionen Meterzentner erzeugt. Das sind nur 2,27 Meterzentner per Kopf gegen 4,37 Meterzentner per Kopf in der Monarchie, wozu diese noch im Durchschnitt 0,13 Meterzentner per Kopf importierte. Ein Analogieschluß von deren bisherigen Bedarf auf den Bedarf der deutschen Alpenländer mit Wien würde ergeben, daß Deutsch-Österreich, in solcher, wirtschaftlich kaum lebensfähig zu gestaltender Begrenzung, selbst nach Wiederkehr der früheren

Produktivität, 14½ Millionen Meterzentner Getreide importieren müßte, nahezu ebensoviel, als er vor dem Krieg hervorgebracht hat.

Von fachmännischer Seite liegen Äußerungen vor, die das Importbedürfnis Deutsch-Österreichs wesentlich niedriger einschätzen, als es nach diesem Analogieschluß der Fall wäre. Eine oberflächliche Bedarfsrechnung scheint jedoch der höheren Annahme recht zu geben, denn wir brauchen für die direkte menschliche Ernährung der 6½ Millionen Menschen mindestens 8 Millionen Meterzentner, für Saatgut und Abfall zirka 2 Millionen Meterzentner und, neben dem Bedarf zu industrieller Verarbeitung, am meisten Getreide für die tierische Ernährung, wie nachstehende Erwägung zeigt:

Wenn man die amtliche Viehzählung vom 1. April 1918, welche noch die fremdsprachigen Teile der Alpenländer mit einbezieht, auf den Gebietsumfang der deutschen Alpenländer umrechnet, so gelangt man zu einem Stande von 2 Millionen Rindern, 1,2 Millionen Schweinen, und der Pferdestand dürfte sich auf etwa ¼ Million Stück belaufen. Der praktische Landwirt wird der Annahme kaum widersprechen, daß per Tag und Stück aller dieser Kategorien im großen Durchschnitt 1 Kilogramm Futtergetreide zu rechnen ist. Das gibt bei den jetzigen reduzierten Viehbeständen immer noch einen Futterbedarf von 12,5 Millionen Meterzentner, so daß man, ohne das industriell verarbeitete Getreide, bereits auf einen Bedarf von 22½ Millionen Meterzentner käme. Dem gegenüber steht eine eigene Ernte, die wohl mindestens ein Drittel geringer als in der Vorkriegszeit, schwerlich über 10 bis 11 Millionen Meterzentner zu taxieren ist. Soll demnach die Bevölkerung endlich ausreichend ernährt, die industrielle und tierische Produktion im vollen Ausmaße aufgenommen werden, dann wird das Importbedürfnis an Getreide zunächst kaum viel hinter den 14½ Millionen Meterzentner zurückbleiben, die wir proportional nach dem Konsum der einstigen Monarchie ermittelt haben.

Noch schlimmer steht es um die Selbstversorgung in Kartoffeln. Die Kartoffelproduktion reicht, nach Abzug des Saatgutes, nicht einmal auf 1½ q per Kopf und Jahr, wovon der Schwund über Winter abzuziehen und der Nahrungsbedarf von Mensch und Vieh, sowie das Rohmaterial für die Kartoffel verarbeitenden Industrien zu decken ist. Das kann selbstverständlich nur ganz unzureichend geschehen, denn die Kartoffelerzeugung müßte um mehr als 150 Proz. vermehrt werden, damit sie für die Selbstversorgung halbwegs genüge. In Anbetracht der niedrigen Hektarerträge und der geringen Fürsorge, die bisher dem

Saatgut zugewendet wurde, ist ein solches Ziel allerdings nicht als unerreichbar zu bezeichnen.

Eine andere Pflanzengattung, die heute den Konsum nicht deckt, jedoch dazu gebracht werden könnte, sind die Hülsenfrüchte, wovon insbesondere die am wenigstenu nsichere, die Ackerbohne, in höheren wie in tieferen, selbst ziemlich nassen Lagen gut fortkommt und als Viehfutter, als eiweißreiches menschliches Nahrungsmittel wie als günstige, den Boden mit Stickstoff bereichernde Vorfrucht zu bauen ist. Die Lupine hat sich bis jetzt nicht recht einbürgern können, ihre Aussichten müßten noch durch weitere Versuche klargestellt werden. Hoffnungsvoll scheint die Vermehrung einiger Spezialkulturen, so des Hopfen, den Steiermark und Oberösterreich in ausgezeichneten Qualitäten und in beträchtlichem Umfang (10 Proz. der Hopfenernte des alten Österreich) hervorbringen. Einen Exportartikel dürfte die in den beiden Ländern kultivierte Weberkarde darstellen (150 Millionen Stück). Ausdehnung dürfte ferner nicht schwer zu erreichen sein beim Obstbau, bei den Kleesaaten und vor allem wäre sie wünschenswert bei der Zuckerrübe, die bisher, wie bereits bemerkt, nur in Niederösterreich gepflanzt wurde, in den besten Erntejahren etwa 40 Proz. des Konsums deckt und in einigen Gebietsteilen Oberösterreichs, Steiermarks und Kärntens ihr Fort-kommen fände. Von sonstigen Spezialkulturen wären namentlich die des Mohnes, des Hanfes und des Flachses leicht zu erweitern, ebenso verspricht der Tabakbau nach Anbauversuchen noch an manchen Orten Erfolg. Daß die Alpenländer mit ihrer Weinerzeugung von 1 ½ Millionen Hektoliter relativ leistungsfähig sind, ist bekannt.

Dem höheren Werte entsprechend sollte Deutsch-Österreich allen diesen Kulturarten seine volle Aufmerksamkeit schenken, nicht weniger der Kartoffel, deren Einfuhr wegen des großen Volumens und der leichten Verderblichkeit in allzu großen Mengen auf Schwierigkeiten stößt. Dagegen wird man sich mit der dauernden Einfuhr von Getreide leider befreunden müssen, da ja die eigene Ernte, wie ausgeführt, vorläufig nicht einmal für die Ernährung der Selbstversorger und des Viehstandes ausreicht. Eine Verbesserung von Wiese, Weide, Futterbau, der Art der Viehhaltung könnte freilich den Bedarf an Futtergetreide herabsetzen, da dies aber nicht von heute auf morgen zu erreichen ist, gilt vorerst, daß die Landwirtschaft nur dann Getreide dem Markt zur Verfügung stellen kann, wenn ihr im Austausch andere Kraftfuttermittel, namentlich Ölkuchen und Kleie, zugängig werden, oder wenn sie das Getreide auf Kosten der Viehhaltung liefert.

Das letzte ist jedenfalls auszuschließen, gibt es doch keinen sichereren Weg, um die landwirtschaftliche Produktion rasch wieder auf die alte Höhe zu bringen, als die Komplettierung der Viehbestände. Zugkraft, Dünger, die beide fehlen, sind unerläßliche Voraussetzungen für eine vermehrte Produktion von Bodenerzeugnissen und für das Aufhören jener minderen Fruchtbarkeit der Äcker, die an der Verteuerung der Lebensmittel und an ihrem ungenügenden Vorhandensein stark Mitschuld trägt. Die Hebung der Viehwirtschaft nach Zahl und Leistungsfähigkeit ist ohne reichliche Verwendung von Futtergetreide oder anderen Kraftfuttermitteln undenkbar, eröffnet aber bedeutsame volkswirtschaftliche Ausblicke für Deutsch-Österreich. Auf Getreideimport wird dieses immer angewiesen bleiben, da zwar eine sehr namhafte Produktionsvermehrung möglich, nicht aber ohne gleichzeitige Erhöhung des Konsums denkbar ist. In Vieh und Viehprodukten dagegen könnte, nach den vorhandenen Voraussetzungen, nicht bloß die Selbstversorgung erzielt werden, sondern eine Erzeugung, die über den Eigenbedarf beträchtlich hinausreicht. Die Monarchie, in bezug auf Vieh nicht schlecht versorgt, ja bis vor wenigen Jahren ein Viehexportstaat, besaß nach der Viehzählung vom Jahre 1910 auf 1000 Menschen einen Rinderstand von 333 Stück. In den deutschen Alpenländern kamen damals auf 1000 Menschen 352 Rinder, also mehr als dem Gesamtdurchschnitt entspräche. Nun ist freilich die Qualität wie die Quantität seither sehr zurückgegangen, aber die natürlichen und wirtschaftlichen Bedingungen Deutsch-Österreichs sind der Viehzucht und -haltung so überaus günstig, daß der raschen Wiederherstellung nichts entgegensteht, außer der Mangel an Kraftfutter. So lange der andauert, müssen wir zur Aufbringung des jetzt ganz unzureichenden Fleischkonsums die letzte Kuh schlachten, weil ein schlecht ernährtes Rind kaum 100 Kilogramm Fleisch liefert. Erlaubt dagegen vorhandenes Futtergetreide oder anderes Kraftfutter zu mästen, so lassen sich in wenigen Monaten Rinder mit einer Schlachtausbeute von 300 Kilogramm Fleisch und mehr herausbringen. Man braucht folglich statt drei Rindern dann nur eines zu schlachten, gewinnt ebenso viel und besseres Fleisch, als Zugabe noch Fett, und der nebenbei ab gefallene Dünger verbessert die Ernte des kommenden Jahres. Und wie könnte dem Rinderstand erst Zeit zur Erholung geschaffen werden, wenn reichlichere Verwendung von Getreide zu Futterzwecken die Vermehrung und Mast von Schweinen gestatten würde, denn das Rind reproduziert sich nur einmal im Jahre, das frühreife Schwein wirft bis zu 24 Ferkel während des gleichen Zeitraumes.

Welche ungeheueren Werte auf dem Gebiete der Viehzucht und -haltung unserer Volkswirtschaft zu gewinnen wären, zeigt nachstehende Berechnung: 1910 betrug der Viehstand der deutschen Alpenländer 2 313 000 Rinder, 304 000 Pferde, 1 816 000 Schweine. Gelingt es, diese Zahl wieder zu erreichen, so kommen wir bei einem Durchschnittswert von 1000 Kronen für ein Rind oder Pferd und 150 Kronen für ein Schwein auf einen Wert des Viehstandes von 2,8 Milliarden Kronen. Und rechnen wir weiter, daß der jährliche Nachwuchs an Wert einem Viertel des Großviehstandes gleich ist und dem ganzen Schweinestand, was der enormen Zeugungskraft und Wüchsigkeit des Schweines entspricht, so gelangen wir zu einer jährlichen Viehproduktion im Bruttowerte von dreiviertel Milliarden Kronen.

Damit müßte man sich aber noch lange nicht begnügen, denn hat Deutsch-Österreich auch im Frieden einen dichteren Viehstand besessen als die Monarchie, so blieb es doch in der Dichte des Rinderstandes gegenüber der Schweiz, die ähnliche natürliche Voraussetzungen dafür aufweist, um etwa 10 Proz. zurück, mehr noch, um 15 Proz., im Anteil der Kühe am Gesamtstand. Am meisten jedoch in der Leistungsfähigkeit der Kühe, die bei uns im Gesamtdurchschnitt per Stück nicht mehr als 1800 Liter Milch im Jahre geben dürften, während die Milchergiebigkeit der Schweizer Kuhstände von Fachleuten um etwa 40 Proz. höher geschätzt wird. Daß sich ein solches Resultat auch hier erzielen ließe, bewies der Erste steiermärkische Milchkontrollverein, der die Ergiebigkeit der kontrollierten Kühe innerhalb eines Dezenniums um 377 Liter per Stück und Jahr zu steigern vermochte. Nun würde der Wert der Milchproduktion der deutschen Alpenländer schon bei der Kuhzahl von 1910, bei der schlechten Melkung von 1800 Liter per Stück und bei 30 Heller per Liter Milchpreis, fast $\frac{3}{4}$ Milliarden Kronen im Jahre betragen, eine Summe, die bei Erreichung des Schweizer Vorbildes gewiß auf 1 Milliarde im Jahre zu bringen wäre.

Insgesamt ließen sich also für $1\frac{1}{2}$ Milliarden im Jahre Vieh und Milch erzeugen. Bei dem jetzigen Stand der Dinge, der furchtbaren Fleisch- und Milchnot, werden diese Zahlen, von denen wir so endlos weit entfernt sind, wie eine Utopie anmuten. Dennoch sind sie das durchaus nicht, erschließen sich hier für Deutsch-Österreich Möglichkeiten, wie sie kaum ein zweiter Wirtschaftszweig in sich birgt.

Der Geist des deutsch-österreichischen Wirtschaftslebens.

Von

Dr. Gustav Stolper (Wien).

Der staatliche Zusammenbruch der österreichisch-ungarischen Monarchie und ihre Auflösung in eine Anzahl völlig selbständiger Nationalstaaten hat wirtschaftlich nur das deutsche Volk des früheren Österreich seiner wichtigsten Existenzbedingungen beraubt. Dem wirtschaftlichen Organismus des früher gemeinsamen Staates haben auch die anderen Staatsgebiete angehört und trotzdem haben sie aus seiner Zerreißung vorläufig keine vitale Schädigung erfahren. Die Sudetenländer, Galizien und die Bukowina, wie die südslawischen Länder führen ihr wirtschaftliches Leben mehr oder weniger ungestört, zum Teil sogar in verstärkter Intensität fort, nur Deutsch-Österreich muß mit aller Kraft gegen den wirtschaftlichen Untergang kämpfen. In nichts kann sich die wirtschaftliche Sonderstellung Deutsch-Österreichs innerhalb der früheren Monarchie deutlicher ausdrücken als in diesen verschiedenen Wirkungen ihres Zerfalles auf die wirtschaftliche Weiterentwicklung ihrer Teile. Wenn dabei von Deutsch-Österreich die Rede ist, so ist darunter allerdings in erster Linie W i e n gemeint. In der Hauptstadt der Doppelmonarchie sind die Fäden zusammengelaufen, die die verschiedenartigen Teile dieses unhaltbar gewordenen geschichtlichen Gebildes zusammenhielten, von hier hat die österreichische (und zum großen Teil auch die ungarische) Wirtschaft ihre Direktiven erhalten, hier sind die wirtschaftlich und finanziell entscheidenden Beschlüsse gefaßt worden. Von Wien aus ist die böhmische wie die galizische Industrie, wie die Triester Schiffahrt geleitet worden, weil hier die großen Industrieunternehmungen ihren Sitz hatten, von Wien aus ist über die Ersparnisse der sudetenländischen und südslavischen Landwirtschaft disponiert worden, weil hier die Gelder verwaltet wurden, welche das dichtmaschige Netz von Filialen der Wiener Banken im ganzen Reiche sammelte, hier der Sitz der Zentral-Notenbank war und von hier aus die finanziellen Beziehungen zum Ausland unterhalten wurden. Die österreichische Wirtschaft ist immer in viel stärkerem Maße zentralisiert gewesen als etwa die deutsche, denn das Gegengewicht, das in Deutschland einige Dutzende große

Städte und reiche Industriezentren der Berliner Vormacht bieten, hat in Österreich vollständig gefehlt. Tendenzen zu einer Auflehnung dagegen haben freilich schon lange bestanden. Die tschechische Industrie hat sich ohne und gegen Wien immer stärker entwickelt und hat Anlehnung an ein nationales Bankwesen gesucht, dessen hauptsächliche Träger die Zivnostenska banka und ein dichtes Netz von Genossenschaften wurden; in Galizien wurden der Betätigung des Wiener Kapitals immer größere administrative Schwierigkeiten bereitet; in Ungarn hatte sich der Wiener Einfluß schon Jahrzehnte vor dem Zusammenbruch nur mehr indirekt auswirken können. Aber die zentrale Stellung Wiens war trotz allem bis zum völligen Zerfall des Reiches ungebrochen, mit diesem allerdings auf einmal vollständig zerstört. Die Wiener Behörden wurden auf einen Geltungsbereich zurückgedrängt, der nur mehr 6 Millionen Einwohner zählte; die Österreichisch-ungarische Bank fiel in allen Nationalstaaten mit ihren Niederlassungen widerrechtlich der Nationalisierung anheim. Das einheitliche Zollgebiet wurde durch die Errichtung hoher Zollmauern um die Nationalstaaten und durch gegenseitige Ein- und Ausfuhrverbote zerschnitten, der Zusammenhang zwischen den Wiener Direktionen der Großbanken und Industrieunternehmungen und ihren Betriebstätten und Niederlassungen in den Nationalstaaten unterbunden, durch mehr oder weniger unverhüllte Drohungen fast alle Unternehmungen, deren Fabriken in den Nationalstaaten liegen, zur Wegverlegung ihres Sitzes von Wien veranlaßt. Die Durchgangstarife der Bahnen und ihre einheitliche Verwaltung verschwanden, die Währungstrennung wurde einseitig ohne gegenseitiges Einvernehmen vollzogen, die persönliche Freizügigkeit aufgehoben. Und die Wirkung all dieser Ereignisse wurde noch ins Ungemessene verschärft durch die völlige Unsicherheit bezüglich aller privaten Rechtsverhältnisse zwischen Wien und den Angehörigen der Nationalstaaten.

Wer den Geist des deutsch-österreichischen Wirtschaftslebens richtig erfassen und damit auch unbefangen die politischen Schwankungen in der Frage des Anschlusses Deutsch-Österreichs an das Reich würdigen will, muß sich diese Tatsachen eindringlich vergegenwärtigen. Das Maß der Entschlußfreiheit Deutsch-Österreichs und vor allem Wiens, das mehr als ein Drittel des deutsch-österreichischen Staatsvolkes in seinen Mauern beherbergt, ist in seiner wirtschaftlichen Zwangslage außerordentlich gering. Die politische und wirtschaftliche und damit die geistige Umstellung, die hier vorgenommen werden muß, ist vollständiger als in irgendeinem Gebiete der kriegführenden Staaten. Und das auch dann, wenn der Friedensschluß manche der Schranken, die die Zeit des Waffenstillstandes aufgerichtet hat, wieder beseitigen und den wirtschaftlichen Organisationen Wiens einen Teil ihrer Funktionen wiedergeben sollte, die ihnen seit dem Zusammenbruch — und zum Teil bereits mit Kriegsausbruch — genommen worden sind. Denn der Zusammenbruch hat die leitenden Kreise des deutsch-österreichischen Wirtschaftslebens völlig unvorbereitet getroffen. So pessimistisch man auch vielfach seit langem die Endaussichten des Krieges beurteilen mochte, an einen vollständigen Zerfall des Reiches hat niemand geglaubt, die vollständige Auflösung hat niemand in sein Kalkül einbezogen. Alle wirtschaftlichen Pläne, an denen es bis zuletzt nicht gefehlt hat, sind von der Voraussetzung der Erhaltung der Monarchie in mehr oder minder ungeschmälertem Umfang und insbesondere auch von der Aufrechterhaltung und Erweiterung ihrer wirtschaftlichen Beziehungen zum nahen Osten ausgegangen. Die Türkei und Bulgarien, die im Bündnis mit der Monarchie standen, Serbien und Rumänien, die von ihren und reichsdeutschen Truppen besetzt waren, sollten enger als früher in ihre wirtschaftliche Sphäre einbezogen werden. Die österreichische Wirtschaft ist immer im wesentlichen kontinental gewesen. Ihr Zusammenhang mit dem Weltmarkt und insbesondere mit Übersee war absolut und relativ außerordentlich gering. Von der Gesamtausfuhr Österreich-Ungarns, die an sich nur schwach entwickelt war, entfielen bloß 20 Proz. auf außereuropäische Gebiete. Für die Finalindustrie bedeutete im großen und ganzen der Balkan den Weltmarkt schlechthin, er war das hauptsächliche Gebiet, in dem die österreichische Industrie in freien Wettbewerb mit der Industrie der anderen Wirtschaftsmächte trat, in dem sie aber auch durch die geographische Nähe und durch Geschichte und Tradition einen Vorsprung besaß, der sich bei vernünftiger Handelspolitik und einiger Anstrengung der Industrie, zumal bei einem halbwegs erträglichen Kriegsausgang, wesentlich hätte erweitern lassen. Auch diese Chance ist durch den Friedensschluß vorerst verschüttet.

In diesen Tatsachen sind bereits die wichtigsten Elemente zusammengefaßt, die den Geist des deutsch-österreichischen Wirtschaftslebens bestimmen. Daß es vollständig an den Bestand der österreichisch-ungarischen Monarchie gebunden war, hat die deutsch-österreichische Industrie zu einem besonders hohen Grad von Anpassungsfähigkeit erzogen. Der österreichische Fabrikant hat sich daran gewöhnen müssen, den Geschmack von neun verschiedenen, zum Teil sogar noch stark lokal differenzierten Nationen zu berücksichtigen. Er hat ihre Farben, Muster, Formen, ihre Volkssitten kennen und danach seine Fabrikation einrichten müssen. Die verschiedenen Gebiete der Donaumonarchie unterscheiden sich aber vielfach nicht nur national, sondern auch in ihren Verwaltungseinrichtungen. Die Bezirkshauptmannschaft in Galizien mußte anders behandelt werden als in der Steiermark, die kaufmännischen Sitten, Zahlungsgewohnheiten hatten fast in jedem Kronland ihre Besonderheiten. Galizien und der Bukowina mußten andere Zahlungstermine eingeräumt, der galizische Wechsel anders bewertet werden als der böhmische, der nationale Widerstand war in Südkärnten wesentlich geringer als im Inneren Böhmens. Man konnte in manchen Gebieten den Wiener Agenten verwenden, mußte in anderen wieder den lokalen Zwischenhandel einschalten. Und je nachdem mußte auch den eigenen Niederlassungen der einzelnen Unternehmungen ein verschiedenes Maß von Freiheit eingeräumt werden. So hatten z. B. die Triester Filialen fast aller Banken eine viel selbständigere Stellung als etwa die Prager oder Lemberger Filialen. Vor allem aber hat die nationale Zerklüftung das österreichische Wirtschaftsleben zu weitgehenden sprachlichen Zugeständnissen genötigt. Eine Wiener Firma, die mit Böhmen oder Galizien Geschäfte machen wollte, mußte auch schon früher tschechisch oder polnisch mit ihren Kunden und den dortigen Ortsbehörden korrespondieren und somit in ihrem Wiener Bureau sprachkundige Korrespondenzkräfte unterhalten. Die empfindliche Verteuerung des Betriebes, die all diese Umstände für sie zur Folge hatten, ist wettgemacht worden durch die relative Monopolstellung, die sich die österreichische Industrie durch ihre Zollpolitik auf dem heimischen Markt zu erhalten wußte.

Die starke nationale Differenzierung, die ein außerordentlich tiefgehendes Erziehungswerk der Anpassung an fremde Nationalgewohnheiten und Denkungsart vollbrachte, hat aber zugleich die österreichische Wirtschaft zur Zersplitterung gezwungen und ihren Gesichtskreis auch in wirtschaftlicher Hinsicht in bedenklichem Grade verengt. Der österreichisch-ungarische Markt ist trotz der raschen wirtschaftlichen Entwicklung, die sich besonders in dem Jahrzehnt von 1904 bis Kriegsausbruch vollzogen hat, immer klein und relativ wenig aufnahmsfähig geblieben. Die Gründe dafür sind in diesem knappen Zusammenhang nicht zu erörtern [1].

Der Mangel an Spezialisierung war die bekannte und oft beklagte Schwäche der österreichischen Industrie. Aber die Wirkung dieser Enge auf den österreichischen Wirtschaftsgeist war noch eine andere. Die großen Vorgänge in der Weltwirtschaft waren für ihn ohne tieferes Interesse, England, Amerika, Ostasien waren dem Gesichtskreise der österreichischen Wirtschaft im wesentlichen entrückt, die wirtschaftlichen Vorgänge in diesen Ländern auf Österreich nur von sehr mittelbarer Rückwirkung, ihre wirtschaftlichen und sozialen Organisationsformen, ihr Bank- und Kreditwesen fast ohne jede Beziehung zu Österreich, ihre technischen Einrichtungen gelangten nur auf Umwegen nach Österreich.

Von maßgebendem Einfluß auf die Struktur der österreichischen Wirtschaft war lediglich Deutschland. Es gibt in Europa kein anderes Beispiel für die Formähnlichkeit der wirtschaftlichen Organisation zweier Großmächte, wie sie zwischen Deutschland und Österreich-Ungarn bestanden hat. Die Erklärung dafür liegt vor allem in der Geschichte. Die Grundlagen der österreichischen Wirtschaft sind zu einer Zeit gelegt worden, als Österreich ein Teil des Deutschen Reiches war, und bis in die letzten Jahrzehnte vor dem Zerfall sind die Deutschen Österreichs fast die ausschließlichen Träger der österreichischen (und ungarischen) Wirtschaft geblieben, wie sie bis in die 90er Jahre die politisch führende Stellung behaupteten. Das deutsche Vorbild hat darum ganz unmittelbar gewirkt. Mag es sich um wirtschaftliche Gesetzgebung, Steuerpolitik, Kredit- und Industrie-Organisationen, Gewerkschaftsbewegung oder soziale Reformen gehandelt haben — immer ist Deutschland entweder Vorbild oder Vergleichsobjekt gewesen. Zwischen den Wiener und Berliner Großbanken bestehen feste geschäftliche Verbindungen, die sich in einzelnen Fällen zu Interessengemeinschaften verdichtet haben. Dazu hat der sprachliche und persönliche Zusammenhang, der natürlich hauptsächlich von Deutsch-Österreich her aufrechterhalten wurde, seine Stärkung durch die Tatsache erfahren, daß Deutschland der weitaus wichtigste Lieferant und Abnehmer der früheren Monarchie gewesen ist, da es mit 40 Proz. an ihrem Außen-

---

[1] Eine eingehende Darstellung hat der Verfasser in seinem Buche über „Das mitteleuropäische Wirtschaftsproblem“ (2. und 3. Auflage bei Deuticke, Wien 1918) versucht.

handel beteiligt war. Vor allem aberhat die geistige Verwandtschaft mit Deutschland im Zentrum der österreichischen Wirtschaft gewirkt, das Wien und die von hier aus geleitete sudetenländische Industrie gebildet hat. Die geistige Verbindung mit der deutschen Wirtschaft, die so aus einer dreifachen Wurzel — Geschichte, Sprache und Wirtschaftsverkehr — zu verstehen ist, hat der Krieg noch ungemein verstärkt. Denn Deutschland und Österreich-Ungarn mußten unter ähnlichen äußeren Bedingungen — Absperrung vom Weltmarkt durch die Blockade — ihre Kriegswirtschaft einrichten und fast in den gleichen Formen ihre Kriegskosten finanzieren. Jede deutsche Maßnahme auf dem Gebiete der Rohstoff- oder Ernährungswirtschaft wurde sofort in Österreich auf ihre Anwendbarkeit unter seinen besonderen Verhältnissen geprüft, jede finanzielle Maßnahme (Kriegsanleihen, Steuern, Devisenverkehr) in mehr oder weniger wirksamer Weise nachgebildet. Und die beiden Mächte waren vor der Nötigung gestanden, nach Kriegsschluß auch die Übergangsprobleme in ähnlicher Form zu lösen. Der Zusammenbruch hat nun freilich die Bedingungen der wirtschaftlichen Sanierung zwischen Deutschland und Deutsch-Österreich wieder beträchtlich differenziert, aber er hat anderseits Deutsch-Österreich von der Verbindung mit den slavischen Nationen befreit und dadurch die nationale und geschichtliche Verwandtschaft stärker hervortreten lassen.

Trotzdem wird das deutsch-österreichische Wirtschaftsleben, solange seine hauptsächlichen Institutionen bestehen, wahrscheinlich niemals *national* im engeren Sinne des Wortes sein. Denn Deutsch-Österreich hört zwar auf, die Wirtschaftspolitik der jungen Nationalstaaten zu bestimmen, aber es bleibt mit seinen kapitalistischen Interessen an sie gebunden. Diese nunmehr ausländischen Kapitalinteressen spielen für Deutsch-Österreich eine relativ viel größere Rolle als wahrscheinlich für irgendeinen Staat des europäischen Kontinents. Die Vermögensinteressen Deutsch-Österreichs in den Nationalstaaten dürften — unter allem Vorbehalt, der bei derartigen Schätzungen, denen *exakte* statistische Unterlagen mangeln, notwendig ist — auf annähernd 30 Milliarden Kronen zu veranschlagen sein. Sie bilden damit für den deutsch-österreichischen Kleinstaat einen viel größeren Teil seines Volksvermögens als etwa die ausländischen Interessen Deutschlands vom deutschen Volksvermögen und fallen für Deutsch-Österreich um so schwerer ins Gewicht, als sein eigener industrieller Produktionsapparat nicht sehr groß ist und seine Landwirtschaft und Rohstoffquellen nicht annähernd den eigenen Bedarf des Landes zu decken vermögen. Deshalb hätte auch die Aufrechterhaltung des ursprünglichen Artikels 49 des deutsch-österreichischen Friedensvertrages über die Liquidation des deutsch-österreichischen Vermögens in den Nationalstaaten einen absolut tötlichen Schlag für den deutsch-österreichischen Staat bedeutet. Aber es ist gewiß, daß dieser Auslandbesitz bei starker Betonung des nationalen Charakters des jungen Staates nicht zu erhalten ist, weil sie nationale Gegenmaßnahmen in den slavischen Staaten zur Folge hätte; der Zwang zu Anpassung und Entgegenkommen an die anderen Nationen auf dem Boden der früheren Monarchie hat mit dem staatlichen Zerfall des Reiches nicht zu wirken aufgehört. Das erhält freilich zugleich der deutsch-österreichischen Wirtschaft — im Rahmen Gesamtdeutschlands gesehen — die Qualifikation zur Vermittlung zwischen Deutschland und den Gebieten Südost-Europas, gegenüber dem Balkan noch im höheren Maße als früher, da die Wiener Politik nicht mehr das Odium zu tragen hat, mit dem sie die Ausschreitungen des magyarischen Chauvinismus gegen Südslavien und Rumänien belastet haben.

Aber die Eigenart der Wiener Kapitalsinteressen und ihre Wirkung auf Denken und Handeln der Wiener Wirtschaftskreise erweitern die Kluft, die zwischen Wien und dem übrigen Deutsch-Österreich besteht. Schon das alte Österreich-Ungarn war ein städtearmes staatliches Gebilde. Deutsch-Österreich besitzt außer Wien überhaupt keine Großstadt im wirtschaftlich-sozialen Sinne. In der alten Monarchie haben Prag, Brünn und Triest noch kapitalistische Wirtschaftszentren gebildet, und ihnen hat sich namentlich in Deutsch-Böhmen eine Anzahl von Mittelstädten angeschlossen, in denen ein altes, gewerbefleißiges Bürgertum Träger moderner, kapitalistischer Wirtschaftsgesinnung war. Im alpenländischen Deutsch-Österreich fehlt das. Seine soziale Struktur außerhalb Wiens ist ausschließlich kleinbürgerlich-agrarisch und demgemäß sein Wirtschaftsgeist durchaus antikapitalistisch. Die Landeshauptstädte der deutsch-österreichischen Länder sind nicht zugleich Wirtschaftszentren, und nur einzelne unter ihnen mäßig stark entwickelte Kulturzentren. Die Geistigkeit Wiens ist ihnen fremd und wird deshalb abgelehnt. Was es in den deutsch-österreichischen Ländern an Industriezentren gibt, wie insbesondere etwa in der Nordsteiermark, ist in vollster geistiger und wirtschaftlicher Abhängigkeit von Wien, die Bevölkerung der betreffenden Gebiete selbst fast ausschließlich bäuerlich-proletarisch. Der Verkauf, die Rohstoff- und Materialbeschaffung, die Aufstellung des Wirtschaftsplanes — kurz der ganze Verkehr mit der modernen wirtschaftlichen Welt, die Erfüllung der bürgerlichen Funktionen erfolgt von Wien aus.

Von der Bedeutung der gegensätzlichen sozialen Schichtung Wiens, das ein Drittel des ganzen Staates ausmacht, und der Länder für das deutsch-österreichische Wirtschaftsleben kann man schwer eine übertriebene Vorstellung gewinnen. Daß in den Ländern die Städteentwicklung zurückgeblieben ist, hat zur Folge, daß ihre Einbeziehung in den modernen Kapitalverkehr ausschließlich von Wien her organisiert werden muß. So fehlt es den Ländern fast vollständig an einer bodenständigen Kreditorganisation, wenn man von den hauptsächlich landwirtschaftlichen Kreditbedürfnissen dienenden Sparkassen und Raiffeisenkassen absieht. Es fehlt im allgemeinen sowohl der Privatbankier, wie die lokalen Bank-Aktiengesellschaften, die erst nachträglich — wie in Deutschland — im Zuge einer Konzentrationsbewegung in den Konzern einer Wiener Großbank einbezogen werden könnten. Eine Bankkonzentration nach deutschem Muster hat es in Österreich niemals gegeben, weil es am Objekt fehlte. Die Aufgabe war nicht, lokale Kreditorganisationen zu konzentrieren, sondern umgekehrt, den Kreditverkehr von Wien aus in den Ländern überhaupt erst auf moderner Grundlage zu organisieren. Was es in den Ländern an Kreditorganisationen gibt und insbesondere den Verkehr mit der Wiener Effektenbörse, dem einzigen Wertpapiermarkt in Deutsch-Österreich, herstellt, Industriekredit gewährt, Emissionen vermittelt usw., sind fast ausschließlich Filialen Wiener Banken oder (ausnahmsweise) von ihnen unter Heranziehung lokaler Kapitalinteressen gegründete kleine Tochterinstitute. Aber niemals haben die alpenländischen Filialen der Wiener Banken auch in industriereichen Gegenden annähernd die Bedeutung erlangt wie etwa die sudetenländischen, weil eben der kaufmännische Verkehr für die Alpenländer sich im wesentlichen in Wien abwickelt, während in den Sudetenländern der private Industrielle in der Regel am Sitz seines Betriebes wohnt und arbeitet. Dem alpenländischen Deutsch-Österreich fehlt die Mittel- und Kleinindustrie, die an den modernen Kapitalverkehr mit ihren Interessen gebunden ist. Nebstbei ist der Ausbau der Filialorganisation der Wiener Banken über Österreich verhältnismäßig jungen Datums. Im großen hat diese Organisationsarbeit erst seit 1905, also knapp ein Jahrzehnt vor dem Krieg, begonnen und sich natürlich zuerst den aussichtsreicheren Sudetenländern zugewendet. Wie an einer lokalen Kreditorganisation fehlt es den Ländern auch an einem über rein lokale Aufgaben hinausgreifenden Handel. Die Erzeugnisse der Länder werden nicht von ihnen, sondern von Wiener Handelsfirmen in den Verkehr gebracht und namentlich die Verbindung mit dem Ausland ist fast ausschließlich Wien vorbehalten. Infolgedessen fehlen auch die Verbindungen mit dem ausländischen Kapital, die Vertrautheit mit den internationalen Handelsusancen, das Interesse für wirtschaftliche Ereignisse außerhalb des engsten lokalen Gesichtskreises, vor allem das Verständnis für die internationale Bedingtheit der wirtschaftlichen Vorgänge im eigenen Lande.

An Reaktionen gegen dieses wirtschaftliche und geistige Abhängigkeitsverhältnis der alpenländischen Gebiete von Wien hat es seit langem nicht gefehlt; der Krieg und der staatliche Zerfall haben sie bis zu einem überaus kritischen Punkt verschärft. Die Entfremdung zwischen Wien und den Ländern ist bis zu einem Punkte gediehen, der die Lebensfähigkeit eines deutsch-österreichischen Staates allein wegen seiner unausgeglichenen sozialen Struktur und wegen des geistigen Gegensatzes zwischen Wien und den Ländern als außerordentlich zweifelhaft erscheinen läßt, auch wenn dem jungen Staate, um ihn vom Anschluß an das Deutsche Reich abzuhalten, seitens der Entente ausgiebige wirtschaftliche Hilfe geleistet werden sollte. Die Reaktion äußert sich in den verschiedensten Formen und unter den verschiedensten Motiven. Die Abneigung gegen den Wiener Wirtschaftsgeist ist vielfach national gefärbt. Der weltbürgerliche Geist der Großstadt verletzt häufig das stärker betonte nationale Empfinden der alpenländischen Deutschen. Wie Wien durch seine zentrale Lage nirgends unmittelbar am Kampfe gegen die nichtdeutschen Nationen im alten Österreich teilgenommen hat und dem unmittelbaren Einfluß reichsdeutscher Grenznachbarschaft entrückt gewesen ist, so hat sich beim Steirer, Kärntner, Tiroler das nationale Empfinden im täglichen Kampf gegen den fremdsprachigen Staatsgenossen, beim Oberösterreicher und Salzburger durch die Nähe des deutschen Reichsgebietes und durch die vielfachen Vergleichsmöglichkeiten geschärft. Dazu kommt aber, daß den Alpenländern in ihrer lokalen, kleinstädtischen Gesinnung auch nicht die mannigfache Gelegenheit persönlichen Verkehrs mit Angehörigen anderer Nationen, namentlich mit repräsentativen Persönlichkeiten des ferneren Auslandes, geboten war wie Wien, und daß sie völlig frei waren von den oben erwähnten Rücksichten auf die ausgebreiteten Kapitalinteressen in allen Gebieten der früheren Monarchie.

Neben der nationalen hat die provinzielle Auflehnung gegen Wien aber auch eine stark antisemitische Färbung. Weil und soweit die moderne kapitalistische Organisation (mit ihrem Korrelat, der organisierten Sozialdemokratie und der großstädtischen Presse) in Österreich stark vom jüdischen Element durchsetzt war und ist, werden vielfach Judentum und moderner Wirtschaftsgeist schlechthin gleichgesetzt, wobei ganz allgemein eben der kapitalistische Wirtschaftsgeist als „jüdisch" und „undeutsch" empfunden und bekämpft wird. Die Wirkung davon ist, daß häufig unter antisemitischem Vorwand die Betätigung des Wiener Großhandels bereits unmöglich gemacht wird, was sich zum Beispiel gegenwärtig bei der Organisation des Holzexportes nach dem Ausland in besonders empfindlicher Weise fühlbar macht, ohne daß natürlich der Widerstand gegen den allein über die Beziehungen zum ausländischen Abnehmer oder zu den ausländischen Banken verfügenden Wiener Handel bis in die letzten Konsequenzen durchzuhalten ist. Einen bedenklichen Grad hat dieser Widerstand übrigens erst durch den Krieg erlangt. Er hat die Begriffe von der Wichtigkeit der wirtschaftlichen Funktionen von Stadt und Land erheblich verändert. Die Länder, die nach Wien Rohstoffe und Lebensmittel liefern sollen, fühlen sich als die gebenden und betrachten Wien gewissermaßen als ein parasitäres Gebilde. Es ist ein ziemlich starkes physiokratisches Element, das dadurch in den Wirtschaftsgeist der Länder gekommen ist.

Und schließlich wird dieser Gegensatz von einem tief wurzelnden Provinzialismus genährt. Deutsch-Österreich ist kein geschichtlich gewordener Organismus und es gibt daher auch kein deutsch-österreichisches Staatsbewußtsein. Es gibt für die Einwohner dieses künstlichen Staatsgebildes nur ein deutsches Nationalbewußtsein, das als solches über den Rahmen des deutsch-österreichischen Staates hinausreicht, und es gibt ein lokales Stammesbewußtsein, das hinter den seelischen Existenzbedingungen eines deutsch-österreichischen Staates zurückbleibt. Der Steirer, Kärntner, Tiroler usw. fühlt sich eben immer als Steirer, Kärntner, Tiroler, daneben als Deutscher — niemals als Deutsch-Österreicher. Solange sich dieser Kronländer-Partikularismus innerhalb des österreichischen Staates auswirkte, verhinderte er bloß eine notwendige Verwaltungsreform und eine vernünftige Abgrenzung der nationalen Sprachgebiete. Mit dem Zerfall des österreichischen Staates und insbesondere mit dem Sturz der „die Königreiche und Länder" verbindenden Dynastie ist das einigende Band weggefallen und zurückgeblieben ist ein Zwangsgebilde nach dem Willen der Entente, ohne geschichtliche, soziale oder wirtschaftliche Notwendigkeit, innerhalb dessen die sozialen und wirtschaftlichen Gegensätze unvermittelt aufeinanderstoßen. Auf diese Weise droht dem ohnehin auf einen spärlichen Rest zusammengeschrumpften österreichischen Wirtschaftsgebiet noch die vielfache Spaltung im Innern. Jedes Land fühlt sich nicht nur als politische, sondern auch als wirtschaftliche Individualität und ist bemüht, ohne und gegen Wien seine eigenen wirtschaftlichen Hilfsquellen auszuwerten. Tirol hat seinen Willen zur Selbständigkeit frühzeitig kundgegeben, Vorarlberg seinen Anschluß an die Schweiz beschlossen, die Steiermark entsinnt sich, daß sie über den Erzberg und damit über die Grundlage der ganzen deutsch-österreichischen Metallindustrie, über das Magnesitvorkommen — den einzigen Monopolartikel Deutsch-Österreichs — sowie über die ergiebigsten Forste und die darauf aufgebaute Papierindustrie verfügt, deren Erzeugnisse ein viel begehrtes Kompensationsobjekt im Verkehr mit den Nationalstaaten bilden, Oberösterreich, daß es unter allen Ländern die höchst entwickelte Landwirtschaft hat usw. Jedes Land will vor allem seinen Waldbestand und seine Wasserkräfte — als die letzten und wichtigsten Reserven Deutsch-Österreichs — für sich und in unmittelbarem Verkehr mit dem Ausland unter Ausschaltung Wiens verwerten. Steiermark bezieht — oder hat bezogen — gegen Erze und Papier Lebensmittel aus Ungarn, Oberösterreich gegen Schlachtvieh Zucker aus Böhmen, Tirol gegen Holz Mehl und Fett aus Italien und der Schweiz u. dgl. mehr. Daß auf diesem Wege die letzten Voraussetzungen einer modernen Wirtschaftsorganisation für Deutsch-Österreich verloren zu gehen drohen, versteht sich von selbst. Und die Wiener Zentralregierung ist ohnmächtig, dagegen einzugreifen, weil die Verwaltung der Länder nach der Revolution den autonomen Landesbehörden anvertraut worden ist und ihr die Machtmittel fehlen, den Landesregierungen den Staatswillen aufzuzwingen. Auf der anderen Seite leidet darunter aber auch das Bestreben der Länder nach eigener wirtschaftlicher Entfaltung. Denn sie verfügen im Lande nicht über die kommerziell und organisatorisch geschulten Kräfte und nicht über das genügende Kapital, um ihre industrielle Wirtschaft zu intensivieren, und sie erschweren durch ihre antikapitalistisch gerichtete Politik und durch aktiven oder passiven Widerstand gegen eine moderne industrielle oder kommerzielle Betätigung auch den Zufluß fremden Kapitals oder fremder Unternehmer.

Ihre schärfste Zuspitzung erfahren diese Gegensätze schließlich in der verschiedenen Stellungnahme Wiens und der Länder zu den sozialen Problemen der Revolution. Während Wien eine sozialistische Zweidrittelmehrheit hat, weisen die Länder ausnahmslos starke bäuerlich-kleinbürgerliche Mehrheiten auf. Während die sozialdemokratischen Führer darauf dringen, schrittweise eine Sozialisierung durchzuführen, für die Otto Bauer einen ausführlichen Plan entwickelt hat, verhindern die Länder die Sozialisierung, indem sie sich die Verwertung der in ihren Gebieten liegenden als sozialisierungsreif betrachteten Betriebe vorbehalten, d. h. die Entscheidung den mit kleinbürgerlich-agrarischen Mehrheiten ausgestatteten Provinzlandtagen übertragen sehen möchten. Aber auch innerhalb der Sozialdemokratie äußert sich der Gegensatz zwischen Stadt und Land mit wachsender Schärfe. Der Sozialdemokratie in den Ländern fehlt der intellektuelle Einschlag, den die Wiener Sozialdemokratie aufweist und der in Wien durch die dialektische Übersteigerung der marxistischen Begriffe nicht wenig zur ständigen Radikalisierung der Massen beitrug. Praktisch wird diese Verschiedenheit der Grundstimmung im Verhältnis zu den Kommunisten. Während die offizielle Wiener Sozialdemokratie durch ihre eigene Radikalisierung den Kommunisten soweit als irgend möglich wenigstens grundsätzlich, wenn auch nicht in der Tat, entgegenkommt, verlangen die sozialistischen Vertreter der Länder im Arbeiterrat schärferes Vorgehen und eine „reinliche Scheidung“ von den Kommunisten. Auf die Führer der Sozialdemokratie wirkt deshalb ohne Zweifel die ständige Hemmung der sozialen Umgestaltung durch das in absehbarer Zeit kaum veränderliche Kräfteverhältnis der Klassen innerhalb Deutsch-Österreichs — infolgedessen jeder Versuch rascher Sozialisierung in Wien durch die bürgerlich-agrarische Mehrheit in den Ländern paralysiert wird oder den Staat mit der Sprengung bedroht — mit als stärkstes Motiv für den Anschluß an Deutschland mit seiner viel weiter vorgeschrittenen Industrialisierung und gesünderen und ausgeglicheneren sozialen Struktur. Der Weg zur Sozialisierung führt für sie über die deutsche Einheit. Sie glauben an die Möglichkeit eines sozialistischen Deutschland, nicht eines sozialistischen Deutsch-Österreich. — Aus dem gleichen Grunde — aber unter jeweils entgegengesetzter Reaktion — wird natürlich die soziale und politische Entwicklung in Deutschland auch von den bürgerlichen und agrarischen Parteien in Deutsch-Österreich mit Aufmerksamkeit verfolgt. Und das erklärt zum guten Teil die Schwankungen auch der politischen Kreise außerhalb Wiens in der Anschlußfrage. Daß der Wirtschaftsgeist Deutsch-Österreichs durch die Vereinigung mit dem Reich eine mehr oder weniger tiefgehende Veränderung erfahren würde, ist auch ihnen deutlich bewußt, und die wirtschaftlichen und sozialen Interessen, die dadurch in Frage gestellt werden, werden nur bei einem Teil des deutsch-österreichischen Volkes — wie übrigens auch in reichsdeutschen Grenzgebieten — bedingungslos den nationalen Interessen untergeordnet.

Der Wiedereintritt Deutsch-Österreichs in das Deutsche Reich und die Währungsfrage[1].

Von

Dr. Ludwig Mises (Wien).

[1] Abgeschlossen Anfang Juli 1919.

Inhaltsverzeichnis.

Das Geldwesen des österreichischen Gesamtstaates.

Am 24. Januar 1857 wurde in Wien der deutsch-österreichische Münzverein begründet, durch den eine deutsche Münzeinigung auf Grundlage der Silberwährung angebahnt wurde. Der Wiener Münzvertrag schuf zwar keine einheitliche deutsche Währung. Im Norden Deutschlands setzte er an Stelle des 14 Talerfußes (auf die Kölnische Mark bezogen) den 30 Talerfuß (auf das Pfund zu 500 Gramm bezogen), in Süddeutschland an Stelle des 24½ Guldenfußes den 52½ Guldenfuß, in Österreich an Stelle des 20 Gulden- oder Konventionsfußes den 45 Guldenfuß. Das Verhältnis der drei neuen Münzeinheiten zueinander war demnach: 1 Taler = 1¾ Gulden süddeutscher Währung = 1½ Gulden österreichischer Währung. Doch eine gemeinsame Münze wurde in den Vereinstalern geschaffen, die im ganzen Vertragsgebiet, ganz ohne Ansehen des Staates, welcher sie geprägt, die Eigenschaft des gesetzlichen Zahlungsmittels erhielten.

Die Münzeinigung konnte in den übrigen Vertragsstaaten leicht durchgeführt werden; ihre Durchführung war dort nur ein münztechnisches Problem. Anders in Österreich. Österreich hatte zur Zeit des Abschlusses des Wiener Vertrages in Wirklichkeit keine Silberwährung, sondern eine Papierwährung mit nicht unbeträchtlichem Silberagio. So lange dieser Zustand bestehen blieb, stand die Münzeinigung, was Österreich betraf, nur auf dem Papier. Artikel 22 des Münzvertrages bestimmte, daß keiner der vertragschließenden Staaten berechtigt ist, Papiergeld mit Zwangskurs auszugeben oder ausgeben zu lassen, falls nicht Einrichtung getroffen ist, daß solches jederzeit gegen vollwertige Silbermünzen auf Verlangen der Inhaber umgewechselt werden könne. Die in dieser Beziehung zur Zeit des Vertragsabschlusses etwa bestehenden Ausnahmen sollten längstens bis zum 1. Januar 1859 zur Abstellung gebracht werden. Die österreichische Politik bemühte sich ernst um die Beseitigung des Zwangskurses. Am 6. September 1858, also noch vor dem Termin, an welchem der Zwangskurs vertragsgemäß fallen mußte, wurden die Barzahlungen von der österreichischen Nationalbank aufgenommen. Damit erst war die deutsche Münzeinigung durchgeführt.

Sie war nur von kurzer Dauer. Österreich wurde in neue Kriege verwickelt, seine Finanzen wurden aufs neue zerrüttet. Der Krieg mit Frankreich und Piemont setzte die Notenpresse wieder in Bewegung. Schon am 29. April 1859 wurde die neuerliche Einstellung der Barzahlungen der österreichischen Nationalbank verfügt. Nach dem unglücklichen Ausgange des Krieges wurden jedoch die Bestrebungen zur Wiederherstellung der Valuta wieder aufgenommen; durch Verminderung der umlaufenden Notenmenge sollte das Agio bis zur Parität herabgedrückt werden. Diese Operationen erzielten zunächst den gewünschten Erfolg. Das Metallagio, das im Durchschnitt des Jahres 1861 41,25 % betragen hatte, sank auf 8,32 % im Durchschnitt des Jahres 1865; anfangs 1866 war es nahezu verschwunden. So hätte denn die Währungspolitik zweifellos ihr Ziel erreicht, wenn nicht der neue Doppelkrieg zu einem Bruch der der Peelschen Bankakte nachgebildeten Plenerschen Bankakte vom 27. Dezember 1862 und zu neuer Inflation Veranlassung gegeben hätte.

Der Prager Frieden, der die deutsche Einheit sprengte und die Deutsch-Österreicher aus der politischen Gemeinschaft der deutschen Nation hinausstieß, hat auch die Aufhebung des Wiener Münzvertrages vorbereitet; im Artikel XIII wurde seine Lösung besonderen Verhandlungen vorbehalten, die durch den in Berlin am 13. Juni 1867 geschlossenen Vertrag beendet wurden. Auf Grund dieses Vertrages wurde der Wiener Münzvertrag mit dem Ende des Jahres 1867 außer Wirksamkeit gesetzt. Damit waren freilich noch nicht alle währungspolitischen Folgen des deutsch-österreichischen Münzvereines beseitigt. Die Vereinstalerfrage hat noch mehrere Jahrzehnte später die Gesetzgebung beschäftigt und den Gegenstand von Vereinbarungen zwischen den Regierungen gebildet.

Schon während der Verhandlungen, die zum Abschluß des Wiener Münzvereines führten, hatte Österreich die Annahme der Goldwährung angestrebt. Diese Wünsche waren an dem heftigen Widerstande Preußens gescheitert. Nun aber bestand die Absicht, nicht wieder zur Silberwährung zurückzukehren, sondern zur Goldwährung überzugehen. Als erster Schritt auf diesem Wege stellt sich der am 31. Juli 1867 in Paris abgeschlossene österreichisch-französische Münzvertrag dar. In dem zwischen Österreich und Ungarn am 24. Dezember 1867 abgeschlossenen Zoll- und Handelsbündnis wurde die baldige Einführung der Goldwährung nach den Grundsätzen der Pariser Münzkonferenz in Aussicht gestellt. Durch das österreichische Gesetz vom 9. März 1870 (ungarischer Gesetzartikel XII vom Jahre 1869) wurde die Ausprägung von Goldmünzen zu 8 Gulden (gleich 20 Frank) und 4 Gulden (gleich 10 Frank) angeordnet. Diese Münzen sollten zunächst nur als Handelsmünzen umlaufen, doch dachte man ihre Ausprägung als Vorbereitung zur Schaffung einer österreichisch-ungarischen Goldwährung. Die österreichisch-ungarische Bank begann im Jahre 1871 ihren Silberschatz zu veräußern, um Gold zu erwerben, wozu ihr durch das Gesetz vom 18. März 1872, das dem Gold in der Notendeckung einen größeren Raum zuwies, die gesetzliche Grundlage geboten wurde.

Nichtsdestoweniger kamen die Bestrebungen zur Wiederherstellung einer metallischen Währung nicht vom Fleck. Man dachte damals, daß die Wiederherstellung geordneter Währungsverhältnisse durch Operationen eingeleitet werden müsse, die das Agio zum Verschwinden bringen. Gegen eine derartige Währungspolitik wurden aber gewichtige volkswirtschaftliche Momente ins Treffen geführt. Schon zu Beginn der 60er Jahre hatten die bekannten volkswirtschaftlichen Begleiterscheinungen des schnellen Sinkens des Agios eine Bewegung ausgelöst, die sich gegen die Fortsetzung der auf Wiederherstellung des alten Paristandes der Valuta gerichteten Bestrebungen wendete. Nun gewannen die antirestriktionistischen Tendenzen die Oberhand. Der Preis für 100 Gulden Gold (250 Frank) betrug im Durchschnitt des Jahres 1872 110,37 fl. ö. W.-Noten und stieg von diesem Jahre an mit kürzeren Unterbrechungen bis auf 125,23 fl. ö. W.-Noten im Durchschnitt des Jahres 1887. So lange die Verschlechterung der Valuta Fortschritte machte, konnten Valutaregulierungspläne auf Unterstützung aus industriellen oder gar agrarischen Kreisen nicht rechnen, da das Steigen der Devisenkurse an der Wiener Börse wie ein Schutzzoll der Einfuhr ausländischer Erzeugnisse entgegenwirkte, die Ausfuhr der inländischen Produkte wie eine Exportprämie förderte und die Schuldner auf Kosten der Gläubiger begünstigte. Erst als seit 1888 das Verhältnis sich umkehrte und der Wert der österreichischen Valuta zu steigen begann (der Preis für 100 Gulden Gold betrug im Durchschnitt des Jahres 1890 nur noch 115,48 fl. ö. W.-Noten) wurden die Produzenten und Exporteure, die sich durch diese Wertgestaltung des

Geldes geschädigt sahen, mit einem Male zu Befürwortern der von ihnen bis dahin bekämpften Valutareform. Der Umstand, daß die Einstellung der freien Silberprägung im Jahre 1879 das österreichische Geldwesen von der Verknüpfung mit dem Metalle Silber losgelöst hatte, ermöglichte es, sich über Schwierigkeiten, die früher bestanden hatten, hinwegzusetzen. So kam die Valutaregulierung zustande. Die österreichischen Gesetze vom 2. August 1892 (ungarische Gesetzartikel XVII—XIX vom Jahre 1892) haben durch die Einführung des freien Prägerechtes für Gold dem weiteren Fallen der Devisenkurse an der Wiener Börse einen Riegel vorgeschoben. Vom 11. August 1892, dem Tage des Inkrafttretens der neuen Valutagesetze, an konnte der Wert des Guldens österreichischer Währung (2 Kronen nach der neuen Bezeichnung) sich über den Wert von 2 Frank 10 Centimes oder 1 Mark 70 Pfennige nicht wesentlich heben. Dagegen wurde damals zunächst noch unterlassen, den Wert des österreichischen Guldens nach unten hin durch die Aufnahme der Barzahlungen der österreichisch-ungarischen Bank zu begrenzen. Doch war das Ziel der Valutaregulierung dahin gerichtet, trotz des energischen Widerstandes, den die damals noch kleine und in der Opposition befindliche christlichsoziale Partei aus inflationistischen Gründen dagegen erhoben hat. Gesetzlich ist freilich die Aufnahme der Barzahlungen nie verfügt worden. Wohl aber ist seit ungefähr 1896 und bestimmter seit ungefähr 1900 die Politik der österreichisch-ungarischen Bank dahin gegangen, auch ohne eine solche gesetzliche Verpflichtung die Barzahlungen faktisch dadurch aufrechtzuhalten, daß sie dem Markte jederzeit Golddevisen zu einem Kurse zur Verfügung stellte, der sich von der dem Währungswechsel von 1892 zugrunde gelegenen Münzparität nicht weiter entfernte, als sich die Wechselkurse auch in barzahlenden Ländern von der Parität zu entfernen pflegen. An dieser viel berufenen Devisenpolitik der österreichisch-ungarischen Bank, die von dem ihr im Jahre 1911 erteilten neuen (vierten) Privileg dadurch sanktioniert wurde, daß ihr die Verpflichtung auferlegt wurde, mit allen ihr zu Gebote stehenden Mitteln dafür zu sorgen, daß der im Kurse der ausländischen Wechsel zum Ausdruck gelangende Wert ihrer Noten entsprechend der Parität des gesetzlichen Münzfußes der Kronenwährung dauernd gesichert bleibe, ist denn auch im großen und ganzen bis zum Ausbruch des Krieges festgehalten worden [1].

[1] Über die Devisenpolitik der österreichisch-ungarischen Bank sind durch Knapp, (Staatliche Theorie des Geldes, Leipzig 1905, S. 247 ff.) Vorstellungen verbreitet

Das Geldwesen Deutsch-Österreichs.

Auch Österreich und Ungarn haben den Weltkrieg zum größten Teile durch die Notenpresse finanziert. Gleich zu Beginn des Krieges wurden die Schranken, die durch die Gesetzgebung der Ausdehnung des Notenumlaufes der österreichisch-ungarischen Bank und der Inanspruchnahme von Krediten der Notenbank durch die beiden Staaten der Monarchie gesetzt waren, beseitigt. Damit war der Weg für die Inflation frei. Die Verschuldung der beiden Staaten gegenüber der Bank wuchs von Monat zu Monat, der Notenumlauf schwoll lawinenartig an und, entsprechend der Vermehrung des Papiergeldes, stiegen die Preise aller Güter und Dienstleistungen und die Kurse der auswärtigen Wechsel.

Als Ende Oktober 1918 die habsburgische Donaumonarchie in eine Reihe selbständiger Nationalgebiete zerfiel, die sich teils als besondere Staaten konstituierten, teils an Nachbarstaaten anschlossen, hatte die österreichisch-ungarische Bank ihre Stellung als gemeinsame, mit dem ausschließlichen Privileg der Notenausgabe ausgestattete Institution für das gesamte Gebiet der Monarchie ausgespielt. Ihr Notenprivileg läuft allerdings noch bis zum Ende des Jahres 1919 fort: tatsächlich wird es jedoch nur von Deutsch-Österreich geachtet.

Nach dem Zusammenbruch war es klar, daß die österreichisch-ungarische Bank nicht mehr in der Lage sein konnte, den einzelnen Staaten Darlehen zu gewähren, wie sie sie an den österreichischen und an den ungarischen Staat im Kriege gewährt hatte. Nur die Durchführung von bereits abgeschlossenen Kreditverträgen konnte noch in Frage kommen.

---

worden, die ihrem Wesen nicht entsprechen. Es sei nur z. B. darauf hingewiesen, daß Knapp der Ansicht ist, daß die Devisenpolitik der Bank Opfer auferlegt, für die sie dann der Staat besonders entschädigt, während im Gegenteil die die Devisenpolitik ausmachenden Geschäfte für die Bank reichliche Gewinne abwerfen, an denen sich der Staat durch Beteiligung am Erträgnisse der Bank einen großen Anteil gesichert hat. Gerade dieser Punkt bildet aber den eigentlichen Kern der Knappschen Erklärung der „exodromischen" Politik. [Vgl. darüber meine Abhandlung „Das Problem gesetzlicher Aufnahme der Barzahlungen in Österreich-Ungarn" (Jahrbuch für Gesetzgebung, Verwaltung und Volkswirtschaft usw., XXXIII. Jahrgang) S. 1027 ff.] Merkwürdig ist es, daß Knapp in der neuen, 1918 erschienenen Auflage der „Staatlichen Theorie des Geldes" noch immer an der Behauptung festhält, daß die Bank durch die Devisenpolitik Verluste erleidet, trotzdem ihn ein Blick auf ihre Geschäftsberichte von dieser irrigen Meinung hätte abbringen müssen.

Da das Privateskomptegeschäft der Bank während des Krieges nahezu gänzlich zum Stillstand gekommen war, hätte eine weitere Vermehrung des Notenumlaufes nach Durchführung der noch schwebenden Kredittransaktionen nur noch durch Lombardgeschäfte erfolgen können. Im Gegensatz zur deutschen Reichsbank ist nämlich die österreichisch-ungarische Bank nach ihrem Statut berechtigt, gegen Verpfändung von Effekten erteilte Darlehen in die bankmäßige Deckung des Notenumlaufes einzurechnen. Im Laufe des Krieges hatten die Regierungen Österreichs und Ungarns bei der Begebung der Kriegsanleihen besondere Begünstigungen für die Lombardierung durch die Notenbank prospektmäßig zugesagt. Es wurde die Belehnung zu einem begünstigten Zinsfuß versprochen und, von der vierten Kriegsanleihe angefangen, eine Belehnungsgrenze von 75% des Nominalwerts. Die Fortdauer dieser Begünstigungen wurde für eine bestimmte Zeit, die bei jeder folgenden Anleihe verlängert wurde, garantiert.

Gleich nach dem Zerfall des österreichischen Staates stellten sich die Staatsmänner und Politiker der neuen Staaten, vor allem die des tschecho-slowakischen Staates, auf den Standpunkt, daß sie die Kriegsanleihen nicht anerkennen wollen. Unter den Kriegsanleihebesitzern erwachte nun begreiflicherweise das Bestreben, durch Lombardierung der Kriegsanleihe den möglichen Verlust zu verringern. Denn mochten auch die Nationalstaaten in der Lage sein, die Zinsenzahlung für die Kriegsanleihen und die seinerzeitige Rückzahlung des Kapitalbetrages zu verweigern, ohne ihre Bürger zu schädigen, da nahezu sämtliche Kriegsanleihetitres sich in den Händen der Deutsch-Österreicher befinden, so schien es doch unmöglich, daß sie sich auch bezüglich der Banknoten auf einen schroff ablehnenden Standpunkt stellen. Von den Noten der österreichisch-ungarischen Bank hatten sich während des Krieges besonders große Vorräte in den nicht deutschen Teilen der Monarchie angesammelt. Die hohen Preise der Agrarprodukte hatten ein starkes Abströmen von Noten auf das Land zur Folge gehabt. An der agrarischen Bevölkerung der Monarchie waren aber die Nichtdeutschen mit einem weit höheren Prozentsatz beteiligt als die Deutschen. Da die landwirtschaftlichen Produzenten von der Besteuerung nur in unzulänglicher Weise erfaßt worden waren, sich an der Zeichnung der Kriegsanleihe kaum beteiligt hatten und es, teils aus Unvertrautheit mit den Formen des Bank- und Sparkassenverkehres, teils aus Mißtrauen, teils aus politischen Gründen vorzogen, ihre Ersparnisse zu thesaurieren, hatten sich in ihren

Händen gewaltige Beträge von Noten der österreichisch-ungarischen Bank angesammelt. In den fruchtbaren Gebieten Mährens und des (nun von den Serben und Rumänen besetzten) südlichen Ungarns haben einzelne Bauern Hunderttausende, in einzelnen Fällen sogar Millionen Kronen thesauriert.

Die deutsch-österreichischen Kriegsanleihebesitzer hatten mithin ein starkes Interesse daran, durch Belehnung der Kriegsanleihe bei der österreichisch-ungarischen Bank ihren Kriegsanleihebesitz in Banknoten umzuwandeln. Anderseits hatten die Nationalstaaten ein starkes Interesse daran, daß diese Lombardierungen unterbleiben, da sie das Sinken des Wertes der Krone, welche als unausbleibliche Folge der Vermehrung der Notenmenge eintreten mußte, wegen ihres Notenbesitzes fürchten mußten. Sie haben sich daher gleich von vorneherein dagegen ausgesprochen, daß die österreichisch-ungarische Bank die Lombardierung der Kriegsanleihe fortsetze. Sie haben aber auch gleich die Trennung ihrer Währungen von der einheitlichen österreichisch-ungarischen Währung ins Auge gefaßt.

Den ersten Schritt auf diesem Wege unternahm zu Anfang des Jahres 1919 die südslawische Regierung. Der tschecho-slowakische Staat folgte nach. Die im Staatsgebiet umlaufenden Noten der österreichisch-ungarischen Bank wurden gekennzeichnet und allen anderen Noten die Eigenschaft eines gesetzlichen Zahlungsmittels aberkannt. Alle auf Kronenwährung lautenden Verträge durften fortan nur noch in den gekennzeichneten Noten erfüllt werden. Damit war die Schaffung besonderer tschecho-slowakischer und südslawischer Kronen vollendet, mag auch die währungstechnische Durchführung der Reformen manche schwere Gebrechen aufweisen.

Nun mußte auch Deutsch-Österreich handeln. Es konnte nicht untätig zuwarten, bis alle anderen Staaten von der österreichisch-ungarischen Krone zu einer Nationalkrone übergegangen waren. Es mußte sich von der österreichisch-ungarischen Krone loslösen, um zu verhindern, daß diejenigen Noten, welche aus irgendwelchen Gründen in den anderen Staatsgebieten nicht abgestempelt wurden, nach Deutsch-Österreich zurückströmen und hier die Inflation vermehren. Es mußte verhindern, daß das tschecho-slowakische Finanzministerium die bei der Notenabstempelung zurückbehaltene Hälfte des Notenbesitzes seiner Staatsangehörigen etwa zu Effektenankäufen in Deutsch-Österreich verwende. Es mußte verhindern, daß die in der Ukraine und im neutralen Auslande umlaufenden

Kronennoten, deren Summe mehrere Milliarden Kronen beträgt, als ausschließlich deutsch-österreichisches Geld betrachtet werden. So wurden denn auch in Deutsch-Österreich die im Staatsgebiete umlaufenden Kronennoten besonders gekennzeichnet und den nicht gekennzeichneten Noten durch die mit Gesetzeskraft ausgestattete Vollzugsanweisung vom 25. März 1919 die Eigenschaft als gesetzliches Zahlungsmittel für alle Verpflichtungen, deren Sitz im Rechtsgebiete des deutsch-österreichischen Staates gelegen ist, entzogen. Damit war die selbständige deutsch-österreichische Währung geschaffen. Alle weiteren Fragen, die sich ergeben, sind schon bank- und währungstechnische Probleme der selbständigen deutsch-österreichischen Währung und treten, so wichtig sie an und für sich auch sein mögen, an Bedeutung hinter die Tatsache der Verselbständigung der Währung zurück. Zu diesen währungs- und banktechnischen Problemen gehört die Frage, ob man eine besondere deutsch-österreichische Notenbank errichten soll, weiters die Frage, ob man die gekennzeichneten Noten weiter in Zirkulation belassen oder ob man sie im Hinblicke auf die leichte Möglichkeit der Fälschung des Stempels durch neue Notentypen ersetzen soll.

Viel wichtiger als diese technischen Probleme ist die Frage, ob Deutsch-Österreich es bei der Selbständigkeit seiner Währung bewenden lassen oder ob es zur Währungsgemeinschaft mit Deutschland übergehen soll.

Die Antwort auf diese Frage kann nicht zweifelhaft sein. Der politische Anschluß an Deutschland muß notwendigerweise den währungspolitischen Anschluß nach sich ziehen. An die Möglichkeit, trotz des Anschlusses bei einer selbständigen deutsch-österreichischen Währung zu verbleiben, oder gar an eine Währungsgemeinschaft mit den anderen Staaten, die auf dem Boden des alten österreichischen Staates entstanden sind, kann nicht einmal gedacht werden. Eine volle oder auch nur beschränkte politische, handelspolitische und finanzpolitische Gemeinsamkeit ließe sich bei der Verschiedenheit des Währungssystems nicht aufrechterhalten. Deutsch-Österreich muß zur deutschen Währung übergehen, wenn es wieder in den deutschen Staat eintreten will.

Die staatsfinanzielle Seite der Vereinheitlichung des Geldwesens.

Die Herstellung einer Währungsgemeinschaft zwischen dem Deutschen Reich und Deutsch-Österreich wäre eine recht einfache und schnell zu lösende Aufgabe, wenn in beiden Gebieten ein geordnetes, auf metallischer

Grundlage beruhendes Geldwesen bestünde. Wenn in beiden Ländern Goldwährung bestünde, dann wäre die Überleitung zu einer gemeinsamen Währung überhaupt nur eine Frage der Münz-, Geld- und Zahlungstechnik. Wenn in dem einen Gebiete Gold-, in dem anderen Silberwährung bestünde, dann wären die währungspolitischen Probleme des Überganges unschwer zu lösen. Die Schwierigkeiten, die dem Anschlusse Deutsch-Österreichs an das Geldwesen des Deutschen Reiches entgegenstehen, ergeben sich aus dem Umstande, daß heute in beiden Gebieten Papierwährung besteht.

Diese Schwierigkeiten sind zunächst finanzpolitischer Natur. Sowohl das Deutsche Reich als auch der deutsch-österreichische Staat befinden sich gegenwärtig in einer überaus ungünstigen staatsfinanziellen Lage. In beiden Staaten übersteigen heute die Ausgaben die Einnahmen um ein beträchtliches, und die Bemühungen, die Ausgaben einzuschränken und die Einnahmen zu steigern, bis das Gleichgewicht in der Gebarung hergestellt ist, stoßen auf kaum zu überwältigende politische Schwierigkeiten. Unter solchen Umständen bleibt kaum ein anderer Ausweg als der, die Notenpresse mittelbar oder unmittelbar in den Dienst der Staatsfinanzen zu stellen und durch Zettelausgabe die Mittel zu beschaffen, die auf andere Weise nicht beschafft werden können. Die Noteninflation ist freilich kein empfehlenswertes Mittel der Finanzpolitik. Sie ist, rein als Mittel der Staatsfinanzen betrachtet, unzweckmäßig, weil sie die Lasten in einer Weise in der Volkswirtschaft verteilt, die allen finanzpolitischen Grundsätzen Hohn spricht. Sie ist volkswirtschaftlich außerordentlich nachteilig, weil als Begleiterscheinungen der Geldentwertung soziale Verschiebungen eintreten, die nicht als erwünscht bezeichnet werden können. Sie ist schließlich nur ein vorläufiger Ausweg; früher oder später muß ihr durch Selbstbeschränkung des Emittenten Einhalt geboten werden, weil sonst die Verhältnisse in katastrophaler Weise durch einen Zusammenbruch des gesamten Geldwesens Einhalt gebieten. Doch man muß damit rechnen, daß die Inflation immerhin noch eine Zeitlang fortgesetzt werden und daß noch geraume Zeit verstreichen wird, bis das deutsche Volk wieder zur Erkenntnis gelangt sein wird, daß die erste Voraussetzung einer vernünftigen Wirtschaftspolitik die Enthaltung von allen inflationistischen Experimenten ist. Vorläufig sind sowohl in Deutschland als auch in Deutsch-Österreich die Ansichten in diesem Punkte nicht allzu streng. Man verschließt sich nicht der Erkenntnis, daß die Inflation ein untaugliches Mittel ist, um die Staatsfinanzen in Ordnung zu bringen, daß ihre volkswirtschaftlichen Folgen schädlich sind, und daß sie schließlich und endlich zu einem Zusammenbruch führen muß, wenn nicht rechtzeitig gebremst wird. Doch man hält sie immerhin für ein geringeres Übel als manches andere. Man ist heute weit entfernt von jener strengen Auffassung, durch die sich z. B. die heute in ihren Zielen und Absichten verkannten Begründer der deutschen Goldwährung ausgezeichnet haben.

Für die Währungsgemeinschaft zweier Staaten auf Grundlage einer Papierwährung gibt es ein Beispiel in der Geschichte. Österreich und Ungarn, die seit 1867 zwei vollkommen selbständige Staaten waren, haben die Papierwährungsgemeinschaft, die sie von ihrem Vorgänger, dem einheitlichen Kaisertum Österreich übernommen hatten, jahrzehntelang fortgesetzt. Doch diese Gemeinsamkeit der Währung war nur dadurch ermöglicht, daß während ihrer ganzen Dauer strenge an dem Grundsatz festgehalten wurde, daß die Gesamtsumme der im Umlauf befindlichen Staatsnoten nicht vermehrt werden dürfe. Die letzte Vermehrung der umlaufenden Staatsnotenmenge war noch zur Zeit, als Österreich und Ungarn einen einheitlichen Staat gebildet hatten, nämlich mit dem Gesetze vom 25. August 1866 erfolgt. Später ist der Staatspapiergeldumlauf nicht mehr erhöht worden, bis schließlich die Staatsnoten im Zuge der Valutaregulierung vollkommen aus dem Verkehre gezogen wurden.

Eine Währungsgemeinschaft zweier Staaten auf Grundlage einer Papierwährung ist kaum durchführbar, wenn nicht von vorneherein die Absicht vorhanden ist und wirklich streng durchgeführt wird, sich jeder weiteren Inflation zu enthalten. Sowie inflationistische Maßnahmen vorgenommen werden, um dem Staatsschatz Mittel zuzuführen, müssen sogleich Meinungsverschiedenheiten über die Aufteilung der neu in Verkehr zu setzenden Geldmengen entstehen. Das Auftauchen solcher Meinungsverschiedenheiten kann nur dadurch vermieden werden, daß die Finanzwirtschaft der beiden Staaten zu einem einheitlichen Körper vereinigt wird; solange das nicht geschehen kann, müßte eine Währungsgemeinschaft unter solchen Voraussetzungen zu schweren Unstimmigkeiten führen.

Es ist daher ohne weiteres klar, daß der Anschluß Deutsch-Österreichs an die deutsche Reichswährung erst in dem Augenblicke erfolgen kann, in dem der politische Zusammenschluß zumindest schon unabänderlich beschlossen ist, da der Durchführung des Währungsanschlusses eine Vereinbarung über die staatsfinanzielle Seite des Anschlusses vorausgehen muß. Diese Vereinbarung kann wohl kaum anders gedacht werden als in der Weise, daß das Reich auch alle jene Ausgaben- und Einnahmenkompetenzen von Deutsch-Österreich übernimmt, die ihm in den übrigen Bundesstaaten zustehen, und daß jener Teil der deutsch-österreichischen Staatsschulden, der zur Bestreitung solcher Ausgaben aufgenommen wurde, die im Reiche Reichsausgaben sind, in Reichsschulden umgewandelt wird. Und ebenso klar erscheint es, daß das Reich genötigt sein wird, dem Umstande besonders Rechnung zu tragen, daß Deutsch-Österreich, das ohnehin zu den von der Natur am stiefmütterlichsten bedachten Teilen des deutschen Landes gehört, durch den Krieg und seinen Ausgang besonders schwer in seiner wirtschaftlichen Entwicklungsfähigkeit getroffen wurde, und daß die Deutsch-Österreicher, bei Berücksichtigung ihrer geringeren Leistungsfähigkeit, zu den Kriegslasten mehr beigesteuert haben als die übrigen Deutschen. Es wird also notwendig sein, durch die Gewährung einer besonderen Reichssubvention während der ersten Jahre der deutsch-österreichischen Staatswirtschaft den Übergang in die neuen Verhältnisse zu erleichtern.

Schließlich muß noch ein Gesichtspunkt angeführt werden, der die Durchführung des währungspolitischen Anschlusses vor der vollständigen Ordnung der finanzpolitischen Beziehungen Deutsch-Österreichs zum Reiche untunlich erscheinen läßt. Die deutsch-österreichische Volkswirtschaft ist mit Kriegsanleihe stärker durchsetzt als die deutsche. Die deutsch-österreichischen Unternehmer haben in viel stärkerem Maße als die deutschen ihre Mittel in Kriegsanleihe festgelegt; ein Institut, das die Mobilisierung der Kriegsanleihe durch Belehnung zu günstigen Bedingungen ermöglicht, ist für sie eine Lebensfrage. Diesen Dienst erfüllte, wenn auch zuletzt nicht mehr in vollkommener Weise, die österreichisch-ungarische Bank. Nach Durchführung des währungspolitischen Anschlusses wird sie ihn aber nicht mehr leisten können. Es wird daher notwendig sein, im Wege von Darlehenskassen für die Lombardierung der Kriegsanleihe vorzusorgen. Daß die Neuregelung der Belehnungsgrundsätze für die österreichische Kriegsanleihe leichter erfolgen kann, wenn über ihr zukünftiges Schicksal schon entschieden ist, ist klar. Diese Entscheidung setzt aber eine bindende und endgültige Abmachung über ihre Übernahme durch das Reich voraus.

Die Relation.

Die andere Schwierigkeit, die der währungspolitische Anschluß auf Grundlage beiderseitiger Papierwährung bietet, ist die Festsetzung der Übergangsrelation. Würden Deutschland und Deutsch-Österreich die gleiche metallische Währung haben, dann würde sich die Festlegung einer Übergangsrelation überhaupt erübrigen. In diesem Falle würde es sich ja überhaupt nicht um einen Währungswechsel, sondern lediglich um eine Änderung in der Ausprägung und Benennung der Geldeinheiten handeln. Würden beide Staaten Metallwährung auf Grundlage verschiedener Metalle haben, dann würde für die Übergangsrelation das augenblickliche Wertverhältnis der beiden Metalle die Grundlage abzugeben haben.

Auch für einen Übergang von einer Papierwährung zur anderen scheint vielen das augenblickliche Wertverhältnis der beiden Währungen die einzig richtige Grundlage abgeben zu können. Es wird daher vorgeschlagen, den Übergang auf Grundlage des augenblicklichen Wertverhältnisses zwischen der Mark und der Krone zu vollziehen. Es ist im Wesen derselbe Grundgedanke, wenn vorgeschlagen wird, die Relation auf Grundlage von statistischen Ermittlungen über die Kaufkraft der Krone und der Mark zu bestimmen. Solche Vorschläge gehen davon aus, daß die Entwertung des Geldes den Waren gegenüber hinter der Entwertung gegenüber dem ausländischen Geld zurückbleibt, und daß man den „inneren" oder „wahren" Wert des Geldes besser erfaßt, wenn man auf das Verhältnis der Warenpreise zurückgreift anstatt sich mit dem Verhältnis der Valutenkurse zu begnügen. Man übersieht jedoch dabei, daß es sich bei diesem Zurückbleiben der Warenpreise hinter dem Steigen der Valutenkurse nur um eine zeitliche Erscheinung handelt. In Wahrheit sind ja die Valutenkurse durch nichts anderes bestimmt als durch die Kaufkraft, die der Einheit einer jeden Geldart zukommt; der Kurs muß sich in einer solchen Höhe festsetzen, daß die Kaufkraft die gleiche bleibt, gleichviel, ob ich mit einem Geldstück direkt Waren kaufe oder ob ich erst ein Geldstück einer anderen Valuta dafür erwerbe und dann mit diesem einkaufe. Auf die Dauer kann sich der Kurs von dem Stande, den das Verhältnis der Kaufkraft bedingt und den man den natürlichen oder statischen Kurs nennen kann, nicht entfernen. So lange eine Spannung zwischen dem wirklichen und dem natürlichen Valutenkurs besteht, ist es lukrativ, mit jenem Gelde, das im Kurse gegenüber dem Verhältnis, das sich aus seiner Kaufkraft ergibt, unterwertet erscheint, Waren einzukaufen und sie gegen jenes Geld, das im Kurse seiner Kaufkraft gegenüber überwertet ist, zu verkaufen. Dadurch aber wird eine Nachfrage nach dem im Kurs unterwerteten Geld hervorgerufen, die den Kurs so lange in die Höhe treibt, bis er seinen statischen Stand erreicht hat.

Die Veränderungen der Kaufkraft des Geldes vollziehen sich in der Volkswirtschaft nicht mit einem Schlage und nicht gleichzeitig allen Waren gegenüber. Die Preissteigerungen, die durch die Vermehrung der Geldmenge hervorgerufen werden, treten nicht über Nacht ein; es vergeht eine gewisse Zeit, bis sie sich einstellen. Die zusätzliche Geldmenge tritt irgendwo in die Volkswirtschaft ein, von wo aus sie sich erst allmählich verteilt. Zunächst fließt sie nur bestimmten Wirtschaften und bestimmten Produktionszweigen zu, erhöht daher zunächst nur die Nachfrage nach bestimmten Waren und Dienstleistungen, nicht nach allen; erst später steigen dann auch die anderen Waren und Dienstleistungen im Preise. Der Valutenkurs aber ist ein Spekulationskurs, das heißt, er entsteht aus den Geschäften von Geschäftsleuten, die nicht nur die unmittelbare Gegenwart in ihrem Tun und Lassen berücksichtigen, sondern darin auch schon der zukünftigen Entwicklung Rechnung tragen. Daher gelangt im Valutenkurs der Börse die Geldentwertung schon in einem verhältnismäßig frühen Stadium zum Ausdruck, jedenfalls lange bevor sie sich allen Waren und Dienstleistungen gegenüber geltend gemacht hat.

Die Krone ist im Werte stärker und daher auch schneller gesunken als die Mark. Daher mag es wohl sein, daß der Börsenkurs der Krone dem Sinken ihrer Kaufkraft stärker vorausgeeilt ist als der Börsenkurs der Mark dem Sinken der Kaufkraft der Mark. Die auf Grundlage der Kaufkraft ermittelte Übergangsrelation würde also für die Krone ein wenig günstiger sein als die auf Grundlage der Börsenkurse ermittelte. Doch könnte diese Abweichung, was wohl aus dem Gesagten hervorgeht, nicht allzu groß sein.

Der statistischen Ermittlung der Kaufkraft durch Vergleichung der Warenpreise und der Löhne stehen jedoch so große theoretische und grundsätzliche Schwierigkeiten entgegen, von den praktischen, die im gegenwärtigen Augenblick besonders groß sind, ganz zu schweigen, daß, wie allgemein zugegeben wird, dieser Weg ganz und gar ungangbar erscheint. Will man von dem gegenwärtigen Wertverhältnis zwischen

Krone und Mark ausgehen, so wird man am besten tun, das Verhältnis der Preisnotizen einer neutralen Börse zur Grundlage zu nehmen.

Die Auffassung, als ob bei Ermittlung der Übergangsrelation nur von dem augenblicklichen Kursstand der Krone gegenüber der Mark oder doch von einem sich von diesem Kursstand nicht allzu weit entfernenden Kurs ausgegangen werden könne, begegnet jedoch in Österreich entschiedener Ablehnung. Es wird darauf hingewiesen, daß seit Kriegsbeginn sowohl das Deutsche Reich als auch Österreich genötigt gewesen seien, ihre Valuta durch Notenemissionen zu verschlechtern. Daß Österreich dabei weitergehen mußte als das Deutsche Reich, so daß seine Währung heute nicht nur gegenüber dem Gold und den ausländischen Valuten, sondern auch gegenüber der deutschen Valuta, die doch selbst im internationalen Wert gesunken ist, ein Disagio aufweist, sei darauf zurückzuführen, daß eben — was wohl niemand bestreiten kann — Österreich, und zwar besonders Deutsch-Österreich, zu den Lasten des Krieges in einem weit höheren Maße beigetragen hat als die übrige deutsche Bevölkerung. Es sei nur billig, diese Ungleichmäßigkeit gelegentlich des Anschlusses dadurch zu beseitigen, daß alles so durchgeführt wird, als ob die Vereinheitlichung der Staatsfinanzen und der Währung schon bei Kriegsausbruch erfolgt wäre. Es wäre im höchsten Maße unbillig, die Deutsch-Österreicher dauernd dafür büßen zu lassen, daß sie infolge der unglückseligen Trennung von 1866, an der sie doch keine Schuld trifft, in weitaus stärkerem Maße finanziell durch den Krieg betroffen worden seien.

Diese Argumentation ist unanfechtbar, soweit sie die staatsfinanzielle Seite des Anschlusses betrifft. Es ist wohl klar, daß für die Regelung der staatsfinanziellen Seite des Anschlusses der Grundgedanke bestimmend sein muß, die Lasten des Weltkrieges gemeinsam auf alle Teile des deutschen Volkes ihrer Leistungsfähigkeit entsprechend zu verteilen, und daß es nicht angeht, die Deutsch-Österreicher allein ständig finanzielle Lasten tragen zu lassen, die aus Aufwendungen stammen, die im Interesse des ganzen deutschen Volkes gemacht wurden.

Doch für die Relation liegen die Dinge nicht so einfach. Die Relation 100 Mark = 117,56 Kronen als Grundlage des Währungsanschlusses würde ja nicht nur staatsfinanzielle Folgen nach sich ziehen. Sie würde nicht nur bedeuten, daß die Inhaber der österreichischen Staatsschuldverschreibungen besser gestellt werden, sie würde auch alle anderen Forderungen, die auf Kronen lauten, im Werte erhöhen. Sie würde alle Kronengläubiger begünstigen und alle Kronenschuldner belasten, damit aber eine Reihe von sozialen Begleiterscheinungen auslösen, die weit über den Rahmen des staatlichen Finanzwesens hinaus ihre Wirkung äußern. Auch die Bevölkerung Deutsch-Österreichs könnte sie daher nicht ohne weiteres freudig begrüßen. Es gibt viele, die durch sie zu Schaden kämen.

Es wird daher kaum als ein möglicher Weg erscheinen, eine Relation zu wählen, die sich von der im Zeitpunkte des Währungswechsels auf dem Markte geltenden allzu weit entfernt. Man muß nicht gerade von dem Tageskurse ausgehen, der von zufälligen Ereignissen und von börsentechnischen Momenten des Augenblicks nach der einen oder nach der anderen Seite hin beeinflußt sein kann. Aber man kann die Tatsachen des Wirtschaftslebens nicht ignorieren, man kann nicht den Kronenkurs mit einem Schlage in die Höhe treiben, ohne volkswirtschaftliche Verschiebungen hervorzurufen, deren Folgen verschiedene Beurteilung erfahren müssen und sich zunächst nicht ganz absehen lassen.

Die schweren Opfer, die damit der ganzen deutsch-österreichischen Volkswirtschaft auferlegt werden, und die offenbaren Vorteile, die das übrige Deutschland daraus ziehen müßte, erfordern einen entsprechenden Ausgleich auf staatsfinanziellem Gebiet. Dieser Ausgleich hätte einmal darin zu bestehen, daß für die Übernahme jenes Teiles der Staatsschuld Deutsch-Österreichs, der aus Ausgaben stammt, die im Reiche Angelegenheit des Reiches sind, durch die Reichskasse ein anderer Umrechnungskurs zugrunde gelegt wird als der des Währungswechsels. Hier wäre die alte Relation aus der Vorkriegszeit durchaus am Platze. Dann aber müßte das Reich, wie schon ausgeführt wurde, für eine Reihe von Übergangsjahren sich zu einem besonderen Beitrag zu den Aufwendungen des Bundesstaates Deutsch-Österreichs verstehen; dieser Beitrag müßte groß genug sein, um die Überleitung der deutsch-österreichischen Staatsfinanzen in die neue Ordnung der Dinge ohne Schwierigkeiten zu ermöglichen.

Die Frage der Relation steht in einem gewissen Zusammenhange mit der Richtung, die die zukünftige Währungspolitik des Deutschen Reiches einschlagen wird. Weite Kreise im Deutschen Reiche sind wohl noch heute der Ansicht, daß die Wiederherstellung geordneter Währungsverhältnisse nur auf dem Wege einer Zurückführung des gesunkenen Geldwertes auf die Höhe der Münzparität der Geldreform vom Jahre 1873 denkbar sei. Sie halten es für ausgemacht, daß als Ziel der Währungspolitik einzig und allein die Herabdrückung des Agios der Goldmark in Betracht kommen könne. Sie übersehen, daß auch eine andere Möglichkeit vorhanden ist, nämlich die, den augenblicklichen Stand des Geldwertes zu stabilisieren. Ob man den einen oder den anderen Weg wählen soll, darüber müssen genaue wirtschaftspolitische Erwägungen entscheiden. Die Zurückführung des Goldwertes der Mark auf die Höhe von 1914 würde alle Schuldner, zu denen in erster Reihe auch das Reich, die Bundesstaaten und die Gemeinden gehören, benachteiligen, alle Gläubiger begünstigen. Noch einschneidender aber müßten die Rückwirkungen einer solchen Politik auf den Außenhandel sein. So lange die aufsteigende Bewegung des Geldwertes andauert, wird die Einfuhr ausländischer Ware erleichtert, die Ausfuhr inländischer Ware erschwert. Nun wird aber der deutsche Handel in den nächsten Jahren zweifellos mit so großen Schwierigkeiten zu kämpfen haben, daß die Wegräumung aller die Ausfuhr hemmenden Umstände eine der wichtigsten Aufgaben der deutschen Wirtschaftspolitik sein wird. Man kann daher mit großer Wahrscheinlichkeit annehmen, daß schließlich nicht die Richtung die Oberhand behalten wird, die die Rückkehr der deutschen Valuta zur alten Goldparität fordert, sondern daß die Währungsreform sich darauf beschränken wird, den augenblicklichen Stand des Geldwertes oder doch einen nicht um vieles höheren Stand zu stabilisieren.

Jedenfalls wäre es erwünscht, wenn man in Deutschland diese Frage, die zu den wichtigsten volkswirtschaftlichen Fragen der nächsten Zukunft gehört, klarstellt, bevor die Frage der Relation für den Anschluß Deutsch-Österreichs an das Deutsche Reich gelöst wird.

Die Anbahnung der Währungseinheit.

Daß das letzte Ziel des Anschlusses Deutsch-Österreichs an das deutsche Geldwesen die Herstellung der vollen Einheit in jeder Beziehung des Bank- und Geldverkehrs sein muß, unterliegt keinem Zweifel. Eine andere Frage ist es, ob man diesem letzten Ziel sofort zustreben soll, oder ob es nicht vorzuziehen wäre, die Überleitung in die neuen Verhältnisse schrittweise vorzunehmen.

Die Markkernwährung.

Es wäre nämlich ganz gut möglich, die Einheit des Geldwesens zunächst dadurch zu erreichen, daß Deutsch-Österreich die Markkernwährung annimmt. Ihre Durchführung wäre an und für sich nicht schwer. Der deutsch-österreichische Staat errichtet eine besondere deutsch-österreichische Notenbank, sei es, indem er eine neue Bank ins Leben ruft, sei es, indem er die auf seinem Gebiete befindlichen Filialen der österreichisch-ungarischen Bank in ein selbständiges Institut umwandelt. Diese deutsch-österreichische Notenbank löst jede abgestempelte, auf ihrem Gebiete umlaufende Note der österreichisch-ungarischen Bank gegen ihre eigenen Noten ein. Die im Umtausch gegen ihre eigenen Noten empfangenen Noten der österreichisch-ungarischen Bank gewährt sie dem deutsch-österreichischen Staate als unverzinsliches Darlehen, und dieser zahlt damit die auf ihn entfallende Quote der Schuld des alten österreichischen Staates an die österreichisch-ungarische Bank zurück.

Außer den im Umtausche gegen abgestempelte Noten der österreichisch-ungarischen Bank auszugebenden Noten wäre der deutsch-österreichischen Notenbank die Notenausgabe nur im kaufmännischen und industriellen Geschäfte zu gestatten. Dabei wäre die Unterschrift von Staatsinstituten (wie z. B. der Kriegsgetreideverkehrsanstalt) nicht als genügende Grundlage der Eskomptierung zu erachten, da die Notenpresse sonst wieder indirekt in den Dienst der staatlichen Finanzverwaltung gestellt werden könnte. Es wird nicht zu umgehen sein, die Notenausgabe auch gegen Gewährung von Lombardkrediten zu gestatten. Es ist zwar richtig, daß die Verwendung des Darlehensgeschäftes als Notendeckung eine Eigentümlichkeit der österreichisch-ungarischen Bank war, doch darf man nicht verkennen, daß heute auch im Deutschen Reiche auf dem Umwege über die Darlehenskassen Lombardkredite als Grundlage der Schaffung von Umlaufsmitteln dienen.

Es empfiehlt sich für die deutsch-österreichische Notenbank eine Maximalgrenze des zulässigen Notenumlaufes in irgendeiner Form festzulegen. Sachlich hat dies zwar keine Bedeutung, wenn man, wie unumgänglich notwendig ist, die Bank zur strikten Barzahlung ihrer Noten in Reichsmark verpflichtet. Doch muß man bei Maßnahmen der Notenbankpolitik auch auf die Stimmungen und Vorurteile des Publikums Rücksicht nehmen.

Das wichtigste und allein entscheidende ist, daß der deutsch-österreichischen Notenbank die Verpflichtung auferlegt wird, ihre Noten jederzeit zu einem festen Kurs in Mark umzutauschen und umgekehrt, zu demselben Kurse die Umwechslung von Mark auf Kronen vorzunehmen. Angenommen dieser Kurs wäre: zwei Kronen = eine Mark, dann ist die deutsch-österreichische Notenbank verpflichtet, auf Verlangen jederzeit für zwei Kronen eine Mark und umgekehrt, für eine Mark zwei Kronen herzugeben. Sobald dies strikte durchgeführt wird, hat die deutsch-österreichische Krone ihre selbständige Wertbewegung verloren, sie ist nichts anderes mehr als ein aliquoter Teil der Reichsmark und macht im entsprechenden Verhältnis alle Bewegungen der Bewertung der Reichsmark sowohl den Waren als auch dem ausländischen Gelde gegenüber mit. Der Anschluß Deutsch-Österreichs an die deutsche Währung ist damit vollzogen, die Krone ist nur mehr die Bezeichnung für einen Teil der Mark.

Große Wichtigkeit kommt dabei der Ermittlung der Relation des Überganges zu. Entspricht die Relation nicht den Austauschverhältnissen des Marktes, dann werden sich schwere Unzukömmlichkeiten ergeben, an denen die Durchführung des ganzen Planes scheitern könnte. Wird die Krone bei der Festsetzung der Relation gegenüber dem Verhältnis des freien Marktes überwertet, dann werden Kronen in großer Menge zum Eintausche präsentiert werden, während im umgekehrten Fall wieder große Markbeträge zum Eintausch gegen Kronen zur Bank gelangen werden. Wird jedoch die Relation den tatsächlichen Verhältnissen des Marktes entsprechend gewählt, dann wird der Umtausch sich auf jene geringen Beträge beschränken, welche der Reisendenverkehr und der Bedarf für kleine Zahlungen beansprucht. In diesem Falle würde für die deutsch-österreichische Notenbank ein relativ geringer Vorrat an Reichsmark hinreichen, um dem Einlösungsdienste voll zu entsprechen.

Die für diesen Zweck erforderlichen Mark und darüber hinausgehend einen weiteren großen Markbetrag, welcher den populären Anschauungen von der Notwendigkeit einer Notendeckung Rechnung zu tragen hätte, würde sich die deutsch-österreichische Notenbank durch Aufnahme eines Darlehens von 500 bis 1000 Millionen Mark bei der deutschen Reichsbank zu beschaffen haben. Die Gewährung dieses Darlehens durch die deutsche Reichsbank im Wege der Ausgabe von weiteren Reichsbanknoten würde keinen Bedenken unterliegen, da diese Noten nur gegen die Einziehung eines entsprechenden Betrages von Kronennoten in den Verkehr gelangen könnten, so daß in Großdeutschland dadurch keine Vermehrung der Inflation erfolgt.

Die Markkernwährung wird von manchen aus dem Grunde als undurchführbar bezeichnet werden, weil die Zahlungsbilanz Deutsch-Österreichs gegenüber Deutschland passiv ist. Die Einwendungen, die aus diesem Gesichtspunkte erhoben werden, sind alle unzutreffend. Das wechselseitige Austauschverhältnis zweier Geldarten richtet sich nicht nach der Zahlungsbilanz, sondern nach der Kaufkraft, welche jeder der beiden Geldarten den Waren gegenüber zukommt[1]. Sowenig es vorkommen kann, daß alles Geld aus Bayern wegen einer ungünstigen Zahlungsbilanz Bayerns nach Preußen abströmt, sowenig wird dies auch zwischen Österreich und dem Deutschen Reiche der Fall sein können.

Entscheidend für das ungestörte Funktionieren des geschilderten Systems wird sein, ob die deutsch-österreichische Bank jede Vermehrung ihrer Notenzirkulation zum Zwecke der Stützung der Staatsfinanzen unterläßt. Solche inflationistische Maßnahmen sollten am besten überhaupt ganz unterbleiben. Wenn man aber glaubt, auf sie zunächst noch nicht verzichten zu können, so wird die Vermehrung dann nur gleichmäßig im ganzen Gebiete der Markwährung vor sich gehen dürfen. Es müßte also der deutsch-österreichische Staat völlig darauf verzichten, in Zukunft bei seiner Notenbank irgendwelche Anleihen aufzunehmen, für die sich die Notenbank die Mittel durch Neuausgabe von Noten zu verschaffen hätte. Wenn der deutsch-österreichische Staat solche Mittel benötigt, dann dürfte er sie nur durch Anleihen bei der deutschen Reichsbank beschaffen. Solche Darlehen könnten — wie schon erwähnt — dem deutsch-österreichischen Staat im Hinblick darauf erteilt werden, daß Deutsch-Österreich, das im Kriege finanziell besonders schwer im Interesse des ganzen deutschen Volkes gelitten hat, eine besondere Unterstützung durch das Reich benötigt.

Die besonderen Vorteile, die daraus erwachsen würden, daß der Währungsanschluß zunächst durch den Übergang Deutsch-Österreichs zur Markkernwährung verwirklicht wird, liegen zunächst auf völkerrechtlichem und staatsrechtlichem Gebiete. Die Annahme der Markkernwährung durch Deutsch-Österreich erfordert keine Tätigkeit der deutschen Reichsregierung, so daß die Verpflichtung, die das Deutsche Reich im Friedensvertrage bezüglich der Unabhängigkeit Deutsch-Österreichs übernommen hat, dadurch nicht berührt wird. Auch die Gewährung des Valutadarlehens durch die deutsche Reichsbank kann formell dadurch in Übereinstimmung mit diesen Vertragsbestimmungen gebracht werden,

[1] Vgl. meinen Aufsatz: Zahlungsbilanz und Devisenkurse in den „Mitteilungen des Verbandes österreichischer Banken und Bankiers". Jahrgang 1919, S. 39 ff.

daß man ein Konsortium deutscher Privatbanken als Zwischenglied einschaltet. Die Annahme der Markkernwährung ist eine einseitige Handlung des deutsch-österreichischen Staates, und sowenig es dem deutsch-österreichischen Staate verwehrt werden kann, zu einer Dollarkernwährung oder zu einer Pfundkernwährung überzugehen, sowenig kann man es ihm verwehren, wenn er zur Markkernwährung übergehen will.

Die Ausdehnung des Wirkungskreises der deutschen Reichsbank auf das Gebiet Deutsch-Österreichs, wie es der volle sofortige Anschluß Deutsch-Österreichs an die deutsche Währung erfordern würde, könnte, so lange nicht auch der politische Anschluß durchgeführt ist, Verwicklungen schaffen, da die Beamten der deutschen Reichsbank als Reichsbeamte anzusehen sind, und aus ihrer Amtstätigkeit außerhalb des juristisch als Reichsboden zu bezeichnenden Gebietes staatsrechtliche und völkerrechtliche Schwierigkeiten entstehen könnten. Diese Schwierigkeiten stehen der Markkernwährung nicht entgegen.

Wenn die Markkernwährung von Deutsch-Österreich selbständig durchgeführt werden soll, dann müßte freilich der deutsch-österreichische Staat in der Lage sein, das Gleichgewicht im Staatshaushalte ohne weitere Inflation aufrechtzuerhalten. Insofern stehen also auch der Durchführung der Markkernwährung zunächst noch beträchtliche Schwierigkeiten gegenüber. Aber diese Schwierigkeiten sind in dem Augenblicke überwunden, in dem die Erkenntnis von der Schädlichkeit der inflationistischen Politik zum Verzicht auf die Fortsetzung inflationistischer Experimente geführt hat.

Die volle Bank- und Währungsgemeinschaft.

Der zweite Weg, auf dem der währungspolitische Anschluß durchgeführt werden könnte, ist der der sofortigen vollständigen Einbeziehung Deutsch-Österreichs in das deutsche Geld- und Notenbankwesen. Deutsch-Österreich würde dann währungspolitisch keine andere Stellung einnehmen als die anderen Bundesstaaten.

Nach Festsetzung der Übergangsrelation zwischen Krone und Mark würden die in Deutsch-Österreich umlaufenden abgestempelten Kronennoten durch Noten der deutschen Reichsbank ersetzt werden. Die deutsche Reichsbank dehnt ihre Tätigkeit auf Deutsch-Österreich aus und errichtet an Stelle einer jeden in Deutsch-Österreich befindlichen Stelle der österreichisch-ungarischen Bank eine solche ihres eigenen Netzes. Die Mittel für eine solche Ausdehnung ihres Notenumlaufes beschafft sich die deutsche

Reichsbank durch Ausgabe von neuen Banknoten und Darlehenskassenscheinen, ein Vorgang, der im Hinblicke darauf, daß das Umlaufsgebiet der Noten ausgedehnt und dadurch der Bedarf an deutschem Papiergeld gesteigert wird, ohne Bedenken erscheint und ohne die schädlichen Rückwirkungen einer Inflation vollzogen werden kann.

Die als deutsch-österreichisch gekennzeichneten Noten der österreichisch-ungarischen Bank, die die deutsche Reichsbank durch dieses Umtauschgeschäft aus dem Verkehre zieht, hätte sie an das Reichsschatzamt abzuführen, das mit diesen Noten jenen Teil der Forderung der österreichisch-ungarischen Bank gegen den alten österreichischen Staat, der bei der Liquidation auf Deutsch-Österreich entfällt und daher durch den Anschluß deutsche Reichsschuld geworden ist, tilgen wird.

Ende Juni 1919 liefen in Deutsch-Österreich 7,6 Milliarden deutsch-österreichische (abgestempelte) Kronennoten um. Zur gleichen Zeit betrug der Notenumlauf der deutschen Reichsbank 30 Milliarden Mark, der Umlauf an Darlehenskassenscheinen 12 Milliarden Mark, zusammen 42 Milliarden Mark. Nimmt man, entsprechend dem Kurse der Züricher Börse, das Wertverhältnis der Krone zur Mark für diesen Zeitpunkt ungefähr mit 1: 2,25 an, so würde für den Umtausch der in Deutsch-Österreich umlaufenden Kronennoten gegen Reichsmarknoten ein Betrag von rund 3,4 Milliarden Mark hinreichen. Wollte das Deutsche Reich gelegentlich des Währungsanschlusses seinen Noten- und Darlehenskassenscheinumlauf proportional dem zu empfangenden Bevölkerungszuwachs erweitern, so könnte es, da die Bevölkerung des Reiches ungefähr zehnmal so groß ist als die Deutsch-Österreichs, Noten im Betrage von 4,2 Milliarden Mark neu ausgeben. Von diesen könnten also noch 800 Millionen Mark erübrigt werden, die von der deutschen Reichsbank dem deutsch-österreichischen Staate als Darlehen unter denselben Bedingungen, unter denen das Reich von der Bank Darlehen empfangen hat, zur Herstellung des Gleichgewichtes im Staatshaushalte Deutsch-Österreichs gegeben werden könnten.

Die Rechnung wird sich im Zeitpunkte der wirklichen Durchführung des Währungsanschlusses gewiß anders stellen. Es ist, da der Notenumlauf in Deutsch-Österreich durch Abhebungen vom Girokonto bei der Notenbank und durch die Rückströmung der von der Bank ausgegebenen Kassenscheine voraussichtlich noch anwachsen wird, nicht ausgeschlossen, daß der Betrag, der zum Umtausch der umlaufenden Kronennoten in Mark erforderlich sein wird, jenen Betrag übersteigen wird, den die deutsche Reichsbank entsprechend der durch den Anschluß zu erzielenden Vermehrung der Bevölkerungszahl ihres Umlaufsgebietes auszugeben in der Lage wäre. Dann wird es notwendig sein, um den entsprechenden Betrag mehr Marknoten in den Verkehr zu setzen.

Es sei daran erinnert, daß bei der Reichsgründung zur Beseitigung des damals vorhandenen einzelstaatlichen Papiergeldes gleichfalls besondere Maßnahmen ergriffen werden mußten:

Die Gesamtsumme des damals vorhandenen einzelstaatlichen Papiergeldes betrug 61,3 Millionen Taler = 184 Millionen Mark. Nach dem Gesetze vom 30. April 1874 über die Reichskassenscheine sollte der definitive Betrag der Kassenscheine nur 120 Millionen Mark ausmachen und auf die Einzelstaaten nach der Kopfzahl ihrer Bevölkerung (3 Mark auf den Kopf) verteilt werden, so daß auch diejenigen, die bis dahin kein Papiergeld ausgegeben hatten, ihren Anteil erhielten. Um jenen Staaten, welche mehr Papiergeld im Umlauf hatten, als ihnen durch dieses Gesetz zugestanden wurde, die Einziehung zu erleichtern, gewährte ihnen das Reich in Kassenscheinen einen Vorschuß von zwei Drittel des Überschusses ihres Landespapiergeldes über ihren Anteil an dem Reichspapiergeld. Dieser Vorschuß, der sich im ganzen auf 54,7 Millionen Mark belief, wurde vom 1. Jänner 1876 an in 15 Jahresraten getilgt, bis 1891 die Reichskassenscheine auf den gesetzlichen Stand von 120 Millionen Mark gebracht wurden.

In ähnlicher Weise müßte auch vorgegangen werden, um die Ungleichheiten, die sich aus der Verschiedenheit der Kopfquote in Deutsch-Österreich und dem Reiche ergeben, zu beseitigen. Sollte es sich herausstellen, daß die Kopfquote an Noten in Österreich größer ist als im Deutschen Reiche, dann wird der überschüssige Betrag in einem innerhalb einer bestimmten Frist rückzahlbaren unverzinslichen Darlehen der Reichsbank an den deutsch-österreichischen Staat zu tilgen sein.

Es kann kein Zweifel darüber bestehen, daß die volle Herstellung der Bank- und Währungsgemeinschaft zwischen Deutsch-Österreich und dem Deutschen Reiche das letzte Ziel der Anschlußpolitik auf währungspolitischem Gebiete bilden muß. Eine andere Frage ist es, ob man diesen Weg sofort einschlagen soll. In Deutsch-Österreich werden gegen die sofortige Durchführung der vollen Einverleibung Deutsch-Österreichs in das deutsche Notenbank- und Geldwesen manche Bedenken geltend gemacht. Man weist darauf hin, daß die deutsch-österreichische Volkswirtschaft gewisse Eigentümlichkeiten hat, die eine besondere schonungsvolle Behandlung des Kreditwesens in den nächsten Jahren erfordern werden. Man befürchtet, daß die Organe der deutschen Reichsbank nicht immer das nötige Verständnis für die schwierige Lage der deutsch-österreichischen Volkswirtschaft aufbringen könnten, und daß vielleicht noch Jahre vergehen werden, bis sie die Gewohnheit des Norddeutschen, alles Süddeutsche und besonders alles Österreichische als minderwertig und fremd anzusehen, abgelegt haben werden.

Die Kartellbanken.

Aus diesen Erwägungen heraus ist der Gedanke entsprungen, den Währungsanschluß zunächst für die Übergangszeit auf dem Wege der Herstellung eines Kartellverhältnisses zwischen der deutschen Reichsbank und der zukünftigen deutsch-österreichischen Notenbank zu suchen. Beide Banken würden formell ihre Selbständigkeit behalten. Doch ihre Geschäfte müßten nach gleichen Grundsätzen geführt werden. Es müßten also die gesetzlichen Grundlagen für die Bankpolitik die gleichen sein, und überdies müßte durch ein Übereinkommen zwischen den Bankleitungen für ein einheitliches Vorgehen in allen Fragen der Bankpolitik Sorge getragen werden.

Die Geschichte kennt kein Beispiel für ein solches Verhältnis zweier selbständiger Notenbanken. Wiederholt wurde, als Ungarn den Fortbestand einer gemeinsamen Notenbank als unverträglich mit seinen staatsrechtlichen Ansprüchen und seinen wirtschaftlichen Interessen erachtete, die Errichtung zweier Kartellbanken in Österreich und Ungarn geplant. Zur Verwirklichung dieser Vorschläge ist es jedoch nie gekommen. Man sah wohl, daß ihrer praktischen Durchführung große Hindernisse im Weg stünden. Im Verhältnis zwischen Deutsch-Österreich und dem Deutschen Reiche würden die Dinge allerdings anders liegen. Die wirtschaftliche Überlegenheit des Deutschen Reiches ist eine so ungeheure, daß das Verhältnis der beiden Kartellbanken schwerlich auf die Dauer als ein Verhältnis zweier gleichberechtigter Vertragsteile aufrechterhalten werden könnte. Es würde schließlich doch dazu führen, daß die deutsch-österreichische Notenbank in eine Abhängigkeit von der deutschen Reichsbank gerät. Auch während des Krieges sind ja tatsächlich der Wiener Platz und die österreichische Valuta in eine derartige Abhängigkeit vom Berliner Platze und von der deutschen Valuta geraten, trotzdem damals der Wiener Platz noch die wirtschaftlichen Kräfte des gesamten österreichisch-ungarischen Wirtschaftsgebietes zusammengefaßt hat. Die Stellung, die die deutsch-österreichische Bank gegenüber der Reichsbank hätte, wäre kaum stärker als die, die die Privatnotenbanken haben.

Die Vorteile, die die einzelnen Bundesstaaten aus der Existenz ihrer besonderen Notenbanken heute ziehen, sind so gering, daß ihre Erlangung kaum die Anstrengungen lohnen würde, die mit der Errichtung einer besonderen deutsch-österreichischen Notenbank, die ihnen nachgebildet wäre oder doch in ihre Stellung hinabsinken würde, verbunden wären. Die besonderen Vorteile, die Deutsch-Österreich für sein Kreditwesen von der Schaffung einer besonderen deutsch-österreichischen Notenbank erwartet, wird es wohl auch durch die Schaffung einer deutsch-österreichischen Staatsbank, die kein Privileg der Notenausgabe hat, erlangen können. Eine solche deutsch-österreichische Staatsbank ist schon heute vorhanden. Es ist das das deutsch-österreichische Postsparkassenamt, das im Falle des Anschlusses Deutsch-Österreichs an das Deutsche Reich seinen Postgiroverkehr wohl an die deutsche Reichspost wird abgeben müssen, und dann seine Aufmerksamkeit ausschließlich auf das Kreditgeschäft wird richten können.

Die münzpolitische Seite des Währungsanschlusses.

Unter den Verhältnissen, unter denen sich der Übergang zur Markwährung zu vollziehen hätte, ist es überflüssig, irgendwelche besondere Bestimmungen hinsichtlich der im Umlaufe befindlichen Goldkurantmünzen und Silberscheidemünzen der Kronenwährung zu treffen. Das gleiche gilt auch bezüglich der Silbergulden. Es genügt vollständig, wenn der deutsch-österreichische Staat diese Münzsorten zum Umtausche gegen Noten aufruft und ihnen nach Ablauf einer Frist die Eigenschaft als gesetzliches Zahlungsmittel entzieht. Das Publikum wird die Frist ungenützt verstreichen lassen, da nicht nur der Metallwert der Goldmünzen, sondern auch der der Silbermünzen bei weitem den Wert des österreichischen Geldes übersteigt.

Es beträgt

beim	das Feingewicht	der Wert in Kronen Papier bei einem angenommenen Silberpreis von 700 K Papier per kg
Einkronenstück	4,175 g	2,92
Zweikronenstück	8,35 „	5,85
Fünfkronenstück	21,6 „	15,12
Silbergulden	11,11 „	7,77

Besondere Verfügungen wären nur bezüglich der Scheidemünzen aus Nickel, Bronze und Eisen erforderlich; doch ist dies eine Frage von untergeordneter Bedeutung, die sich leicht lösen lassen wird.

Rücksicht auf den zwischen Österreich und Ungarn abgeschlossenen Münz- und Währungsvertrag braucht der deutsch-österreichische Staat ebensowenig zu nehmen wie auf die Nationalstaaten, die auf dem Boden der alten österreichischen Monarchie entstanden sind. Ungarn hat seinerseits den Münz- und Währungsvertrag selbständig zerrissen, indem es unter Mißachtung des der österreichisch-ungarischen Bank erteilten Privilegs die auf ungarischem Boden gelegenen Niederlassungen der Bank vergewaltigt hat, und indem es den Noten der Bank die gesetzliche Zahlkraft entzogen hat. Es könnte daher keine Ansprüche gegen Deutsch-Österreich aus dem Titel des Bestandes dieses Vertrages stellen. Noch weniger wären die Nationalstaaten berechtigt, solche Anforderungen zu stellen, da sie das gleiche, das Ungarn getan hat, schon vorher gemacht hatten.

Gut-Geld-Politik.

Man darf die Bedeutung des währungspolitischen Anschlusses nicht überschätzen. Es wäre sehr wenig damit gewonnen, wenn Deutschland und Deutsch-Österreich in Hinkunft wohl ein einheitliches Währungsgebiet bilden würden, dieses einheitliche Währungsgebiet aber unter den Folgen einer beständig im Werte schwankenden Papierwährung leiden würde. Die guten Früchte der Überwindung des unheilvollen Partikularismus im Geldwesen und der Wiederanknüpfung an die Politik, die der unselige Krieg von 1866 unterbrochen hat, wird das gesamte deutsche Volk nur dann genießen können, wenn es sich in der Währungspolitik wieder auf die gesunde Grundlage des Verzichts auf alle inflationistischen Maßnahmen gestellt haben wird.

Kolibri 360 GmbH
Ferdinand-Jühlke-Straße 7
99095 Erfurt, Deutschland
produktsicherheit@kolibri360.de

Druck:
CPI Druckdienstleistungen GmbH
im Auftrag der
Kolibri 360 GmbH
Ferdinand-Jühlke-Str. 7
99095 Erfurt